民國文化與文學研究文叢

民國文化與文學 研究文叢

六 編

李 怡 主編

第 8 冊

黑皮鞋：抗戰爆發前的新市民電影
——1933～1937年現存中國電影文本讀解（上）

袁慶豐 著

國家圖書館出版品預行編目資料

黑皮鞋：抗戰爆發前的新市民電影——1933～1937年現存中
國電影文本讀解（上）／袁慶豐 著 -- 初版 -- 新北市：花木
蘭文化出版社，2016〔民105〕
序6+ 目2+220 面；19×26 公分
（民國文化與文學研究文叢 六編；第8冊）
ISBN 978-986-404-700-0（精裝）
1. 影評 2. 市民社會
541.26208   105012800

特邀編委（以姓氏筆畫為序）：

丁 帆	王德威	宋如珊
岩佐昌暲	奚 密	張中良
張堂錡	張福貴	須文蔚
馮 鐵	劉秀美	

民國文化與文學研究文叢
六 編 第八 冊   ISBN：978-986-404-700-0

黑皮鞋：抗戰爆發前的新市民電影
—— 1933～1937年現存中國電影文本讀解（上）

作　　者	袁慶豐
主　　編	李 怡
企　　劃	四川大學現代中國文化與文學研究中心
	北京師範大學民國歷史文化與文學研究中心
總 編 輯	杜潔祥
副總編輯	楊嘉樂
編　　輯	許郁翎、王 筑　美術編輯 陳逸婷
出　　版	花木蘭文化出版社
社　　長	高小娟
聯絡地址	235 新北市中和區中安街七二號十三樓
	電話：02-2923-1455／傳眞：02-2923-1452
網　　址	http://www.huamulan.tw 信箱 hml810518@gmail.com
印　　刷	普羅文化出版廣告事業
初　　版	2016 年 9 月
全書字數	310553 字
定　　價	六編24冊（精裝）新台幣 44,000 元

黑皮鞋：抗戰爆發前的新市民電影
—— 1933～1937 年現存中國電影文本讀解（上）

袁慶豐　著

作者簡介

　　袁慶豐，男，1963 年生人。上海華東師範大學文學博士（1993）。北京大學（1996～1998、2000～2002）、美國 TCC 社區學院（1999）、北京電影學院（2009～2013）訪問學者。北京廣播學院副教授（1996）、電影學碩士生導師（2000），中國傳媒大學教授（2002）、電影學專業博士生導師（2009）。

　　著有《黑乳罩：1949 年後外國電影在中國大陸的文化傳播和世俗影響》（上下冊，臺灣花木蘭文化出版社 2015 年版）、《黑馬甲：民國時代的左翼電影——1932～1937 年現存中國電影文本讀解》（上下冊，臺灣花木蘭文化出版社 2015 年版）、《黑棉襖：民國文化中的舊市民電影——1922～1931 年現存中國電影文本讀解》（上下冊，臺灣花木蘭文化出版社 2014 年版）、《新世紀中國電影讀片報告》（中國傳媒大學出版社 2014 年版）、《黑夜到來之前的中國電影——1937 年現存國產影片文本讀解》（中國廣播電視出版社 2012 年版）、《黑白膠片的文化時態——1922～1936 年中國早期電影現存文本讀解》（上海三聯書店 2009 年版）、《欲將沉醉換悲涼——郁達夫傳》（上海文藝出版社 1998 年第一版、香港花千樹出版有限公司 2001 年海外繁體字版、中國傳媒大學出版社 2010 年第三版）、《靈魂的震顫——創作心理的個案考量》（學術論文集，北京廣播學院出版社 2002 年版）、《郁達夫：掙扎於沉淪的感傷》（山東文藝出版社 1997 年版）。近十餘年來致力於中國電影歷史理論、中外經典電影文本讀解，以及外國電影在中國大陸的傳播和影響等方面的教學與科研。

提　　要

　　1932 年，中國電影有了新、舊之別，此乃學術界公論。但新與舊的特徵，以往的研究要麼語焉不詳，要麼別有用心。作者依據現存的、公眾可以看到的影片認為，舊電影應該被視為舊市民電影，其特徵是以舊文化、舊文學為取用資源和審美範式，維護傳統理念，對社會現實持保守立場，既是鴛鴦蝴蝶派等通俗小說的影像版，也是面向中下層市民的低端文化消費。新電影則包括左翼電影、新市民電影和新民族主義電影，1936 年興起的國防電影既是左翼電影的升級換代版本，也意味著左翼電影的消亡。對舊市民電影和左翼電影的專題討論，作者已有《黑棉襖：民國文化中的舊市民電影 1922～1931 年現存中國電影文本讀解》（臺灣花木蘭文化出版社 2014 年版）、《黑馬甲：民國時代的左翼電影 1932～1937 年現存中國電影文本讀解》（臺灣花木蘭文化出版社 2015 年版）貢獻給讀者。

　　作為有聲片時代中國第一部高票房電影，1933 年出品的《姊妹花》又標誌著新市民電影的出現。新市民電影繼承了舊市民電影保守的社會表達立場和文化傳統理念，但有條件地抽取、借用了左翼電影（後來是國防電影）的思想元素和編導人力資源，奉行新技術主義製片路線，不斷滿足市場對現實信息與視聽規格的新需求。因此，新市民電影不僅能與新民族主義電影一同跨越地緣政治、平穩穿越戰爭時代，且對戰後的中國電影影響甚巨，（繼而奠定了 1949 年後香港電影的基礎）。本書將 1933 年至 1937 年 7 月全面抗戰爆發之前的 16 部所謂新市民電影集中討論，並逐一詳盡分析。在近十幾年間的著述中，作者試圖建構中國電影理論體系的努力有目共睹，獨特的微觀電影史研究方法值得肯定。而其強烈的學術原創性和極具個人風格的創新性特徵，值得讀者深入關注、細細體察。

謹以此書獻給
1930 年代的民國電影編導袁牧之
（1909～1978）
和
女星黎莉莉
（1915～2005）

作爲方法的「民國」
——第六輯引言

李　怡

　　「作爲方法」的命題首先來自日本著名漢學家竹內好，從竹內好 1961 年「作爲方法的亞洲」到溝口雄三 1989 年「作爲方法的中國」，其中展示的當然不僅僅是有關學術「方法」的技術性問題，重要的是學術思想的主體性追求。日本學人通過中國這樣一個「他者」的參照進行自我的反省和批判，實現從「西方」話語突圍，重新確立自己的主體性，這對同樣深陷「西方」話語圍困的中國學界而言也無疑具有特殊的刺激和啓發。1990 年代中期以後，中國（華人）學人如孫歌、李多木、汪暉、陳光興、葛兆光等陸續介紹和評述了他們的學說，〔註1〕特別是最近 10 年的中國思想文化與文學批評界，可以說出現了一股竹內——溝口的「作爲方法」熱，「作爲方法的日本」、「作爲方法的竹內好」、「亞洲」作爲方法，〔註2〕以及「作爲方法的 80 年代」等等

〔註 1〕　如 Kuang-ming Wu and Chun-chieh Huang　（吳光明、黃俊傑）：〈關於《方法としての中國》的英文書評〉（《清華學報》新 20 卷第 2 期，1990 年），溝口雄三、汪暉：〈沒有中國的中國學〉（《讀書》第 4 期，1994 年），孫歌：〈作爲方法的日本〉（《讀書》第 3 期，1995 年），李長莉：〈溝口雄三的中國思想史研究〉（《國外社會科學》第 1 期，1998 年），葛兆光：〈重評九十年代日本中國學的新觀念——讀溝口雄三《方法としての中國》〉（《二十一世紀》12 月號，2002 年），吳震：〈十六世紀中國儒學思想的近代意涵——以日本學者島田虔次、溝口雄三的相關討論爲中心〉（《東亞文明研究學刊》第 1 卷第 2 期，2004 年）等。
〔註 2〕　刊發於《臺灣社會研究季刊》12 月號，總第 56 期，2004 年。2005 年 6 月，陳光興參加了在華東師範大學舉行的「全球化與東亞現代性——中國現代文學的視角」暑期高級研討班，將論文〈「亞洲」作爲方法〉提交會議，引起了與會者的濃厚興趣。

在我們學術話語中流行開來，體現了一種難能可貴的自我反思、重建學術主體性的努力。竹內好借鏡中國的重要對象是文學家魯迅，近年來，對這一反思投入最多的也是從事中國現當代文學研究的學者，因此，對這一反思本身做出反思，進而探索眞正作爲中國現代文學的「方法」的可能，便顯得必不可少。

在「亞洲」、「中國」先後成爲確立中國學術主體性的話語選擇之後，我覺得，更能夠反映中國現代文學立場和問題意識的話語是「民國」。作爲方法的民國，具體貼切地揭示了中國現代文學的生存發展語境，較之於抽象的「亞洲」或者籠統的「中國」，更能體現我們返回中國文學歷史情境，探尋學術主體性的努力。

一

日本戰敗，促成了一批日本知識分子的自我反省，竹內好（1908～1977）就是其中之一。在他看來，「脫亞入歐」的日本「什麼也不是」，反倒是曾經不斷失敗的中國在抵抗中產生了非西方的、超越近代的「東洋」。通常我們是說魯迅等現代中國知識分子從「東洋」日本發現了現代文明的啓示，竹內好卻反過來從中國這個「東洋」發現了一條區別於西歐現代化的獨特之路：借助日本所沒有的社會革命完成了自我更新，如果說日本文化是「轉向型」的，那麼中國文化則可以被稱作是「迴心型」，而魯迅的姿態和精神氣質就是這一「迴心型」的極具創造價值的體現。「他不退讓，也不追從。首先讓自己和新時代對陣，以『掙扎』來滌蕩自己，滌蕩之後，再把自己從裏邊拉將出來。這種態度，給人留下一個強韌的生活者的印象。像魯迅那樣強韌的生活者，在日本恐怕是找不到的。」「在他身上沒有思想進步這種東西。他當初是作爲進化論宇宙觀的信奉者登場的，後來卻告白頓悟到了進化論的謬誤；他晚年反悔早期作品中的虛無傾向。這些都被人解釋爲魯迅的思想進步。但相對於他頑強地恪守自我來說，思想進步實在僅僅是第二義的。」〔註3〕就此，他認爲自己發現了與西方視角相區別的「作爲方法的亞洲」，這裡的「亞洲」主要指中國。溝口雄三（1932～2010）是當代中國思想史學家，他並不同意竹內好將日本的近代描述爲「什麼也不是」，試圖在一種更加平等而平和的文化觀

〔註3〕（日）竹內好：《近代的超克》，11、12 頁，李冬木、趙京華、孫歌譯，三聯書店，2005 年。

念中讀解中國近代的獨特性:「事實上,中國的近代既沒有超越歐洲,也沒有落後於歐洲,中國的近代從一開始走的就是一條和歐洲、日本不同的獨自的歷史道路,一直到今天。」〔註4〕作爲方法的中國,意味著對「中國學」現狀的深入的反省,這就是要根本改變那種「沒有中國的中國學」,「把世界作爲方法來研究中國,這是試圖向世界主張中國的地位所帶來的必然結果……這樣的『世界』歸根結底就是歐洲」。「以中國爲方法的世界,就是把中國作爲構成要素之一,把歐洲也作爲構成要素之一的多元的世界」。〔註5〕

海外漢學(中國學)長期生存於強勢的歐美文明的邊緣地帶,因而難以改變作爲歐美文化思想附庸的地位,這一局面在海外華人的中國研究中更加明顯。而日本知識分子的反省卻將近現代中國作爲了反觀自身的「他者」,第一次將中國問題與自我的重建、主體性的尋找緊密聯繫,強調一種與歐美文明相平等的文化意識,這無疑是「中國學」研究的重要破局,具有重要的學術啓示意義,同時,對中國自己的學術研究也產生了極大的衝擊效應。

在逐步走出傳統的感悟式文學批評,建立現代知識的理性框架的過程中,中國的學術研究顯然從西方獲益甚多,當然也受制甚多,甚至被後者裹挾了我們的基本思維與立場,於是質疑之聲繼之而起,對所謂「中國化」和保留「傳統」的訴求一直連綿不絕,至最近20餘年,更在國內清算「西化」的主流意識形態及西方後現代主義、西方馬克思主義的自我批判的雙重鼓勵下,進一步明確提出了諸如中國立場、中國問題、中國話語等系統性的要求。來自日本學者的這一類概括——在中國發現「亞洲」近代化的獨特性,回歸中國自己的方法——顯然對我們當下的學術訴求有明晰準確的描繪,予我們的「中國道路」莫大的鼓勵,我們難以確定這樣的判斷究竟會對海外的「中國學」研究產生多大的改變,但是它對中國學術界本身的啓示和作用卻早已經一目了然。

我高度評價中國學界「回歸中國」的努力與亞洲——中國「作爲方法」的啓示意義。但是,與此同時,我也想提醒大家注意一個重要的現實,所謂的「作爲方法」如果不經過嚴格的勘定和區分,其實並不容易明瞭其中的含義,而無論是「亞洲」還是「中國」,作爲一個區域的指稱原本也有不少的遊

〔註4〕 (日)溝口雄三:《作爲方法的中國》,12 頁,孫軍悅譯,三聯書店,2011 年。
〔註5〕 (日)溝口雄三:《作爲方法的中國》,130、131 頁,孫軍悅譯,三聯書店,2011 年。

移性與隨意性。比如竹內好將「亞洲」簡化爲「中國」,將「東洋」轉稱爲「中國」,臺灣學人陳光興也在這樣的「亞洲」論述中加入了印度與臺灣地區,這都與論述人自己的關注、興趣和理解相互聯繫,換句話說,僅僅有「作爲方法」的「亞洲」概念與「中國」概念遠遠不夠,甚至,有了竹內與溝口的充滿智慧的「以中國爲方法」的種種判斷也還不夠,因爲這究竟還是「中國之外」的「他者」從他們自己的需要出發提出的觀察,這裡的「中國」不過是「日本內部的中國」,而非「中國人的中國」,正如溝口雄三對竹內好評述的那樣:「這種憧憬的對象並不是客觀的中國,而是在自身內部主觀成像的『我們內部的中國』。」〔註 6〕那麼,溝口雄三本人的「中國方法」又如何呢?另一位深受竹內好影響的日本學者子安宣邦認爲,溝口雄三「以中國爲方法,以世界爲目的」的「超越中國的中國學」與日本戰前「沒有中國的中國學」依然具有親近性,難以眞正展示自己的「作爲方法」的中國視點。〔註 7〕所以葛兆光就提醒我們,對於這樣「超越中國的中國學」,我們也不能直接平移到中國自己的中國學之中,一切都應當三思而行。〔註 8〕

問題是,中國學界在尋找「中國獨特性」的時候格外需要那麼一些支撐性的論述與證據,而來自域外的論述與證據就更顯珍貴了。在這個時候,域外學說的「方法」本身也就無暇追問和反思了。例如竹內好與溝口雄三都將近現代中國的獨特性描述爲社會革命:「中國的近代化走的是自下而上的反帝反封建社會革命、即人民共和主義的道路。」〔註 9〕在他們看來,太平天國至社會主義中國的「革命史」呈現的就是中國自力更生的道路。這的確道出了現代中國的重要事實,因而得到許多中國現代文學研究者的認同,當然,一些中國學者對現代中國革命的重新認同還深刻地聯繫著西方後現代主義對西方文化的自我批判,聯繫著西方馬克思主義及其它左派對資本主義的嚴厲批判,在這裡,「西洋」的自我批判和「東洋」的自我尋找共同加強了中國學者對「中國現代史 = 革命史」的認識,如下話語所表述的學術理念以及這一理念的形成過程無疑具有某種典型意義:

〔註 6〕 (日)溝口雄三:《作爲方法的中國》,6 頁,孫軍悅譯,三聯書店,2011 年。

〔註 7〕 參看張崑將:〈關於東亞的思考「方法」:以竹內好、溝口雄三、子安宣邦爲中心〉,《臺灣東亞文明研究學刊》第 1 卷第 2 期,2004 年。

〔註 8〕 葛兆光:〈重評九十年代日本中國學的新觀念——讀溝口雄三《方法としての中國》〉,《二十一世紀》12 月號,2002 年。

〔註 9〕 (日)溝口雄三:《作爲方法的中國》,11 頁,孫軍悅譯,三聯書店,2011 年。

　　從 1993 年起，我逐步地對以往的研究做了兩點調整：第一是將自己的歷史研究放置在「反思現代性」的理論框架中進行綜合的分析和思考；第二是力圖將社會史的視野與思想史研究結合起來。在中國 1980 年代的文化運動和 1990 年代的思想潮流之中，對於近代革命和社會主義歷史的批判和拒絕經常被放置在對資本主義的全面的肯定之上；我試圖將近代革命和社會主義歷史的悲劇放置在對現代性的批判性反思的視野中，動機之一是爲了將這一過程與當代的現實進程一道納入批判性反思的範圍。……而溝口雄三教授對日本中國研究的批判性的看法和對明清思想的解釋都給我以啓發。也是在上述閱讀、交往和研究的過程中，我逐漸地形成了自己的一個研究視野，即將思想的內在視野與歷史社會學的方法有機地結合起來。〔註10〕

東洋與西洋的有機結合，鼓勵我們對現代性的西方傳統展開質疑和批判，同時對我們自身的現代價值加以發掘和肯定，在中國現代文學研究領域中，這些「我們的現代價值」常常也指向革命文學、左翼文學、延安文學與新中國建立至新時期以前的文學，有學者將之概括爲新左派的現代文學史觀。姑且不論「新左派」之說是否準確，但是其描述出來的學術事實卻是有目共睹的：「以現代性反思的名義將左翼文學納入現代性範疇，並稱之爲『反現代的現代主義文學』、『反現代的現代先鋒派文學』，高度肯定其歷史合理性，並認爲改革前的毛澤東時代可以定位爲『反現代的現代性』，其合法性來自於對西方資本主義現代性的批判。」〔註11〕爲了肯定這些中國現代文化追求的合理性，人們有意忽略其中的種種失誤，包括眾所周知的極左政治對現代文學發展的傷害和扭曲，甚至「文革」的思維也一再被美化。

　　理性而論，前述的「反思現代性」論述顯然問題重重：「那種忽略了具體歷史語境中強大的以封建專制主義文化意識爲主體的特殊性，忽略了那時文學作品巨大的政治社會屬性與人文精神被顛覆、現代化追求被阻斷的歷史內涵，而只把文本當作一個脫離了社會時空的、僅僅只有自然意義的單細胞來

〔註10〕汪暉、張曦：〈在歷史中思考──汪暉教授訪談〉，《學術月刊》第 7 期，2005年。

〔註11〕鄭潤良：〈「反現代的現代性」：新左派文學史觀萌發的語境及其問題〉，《福建論壇》第 4 期，2010 年。

進行所謂審美解剖。這顯然不是歷史主義的客觀審美態度。」〔註12〕

　　值得注意的現實是，爲了急於標示中國也可以有自己的「現代性」，我們學界急切尋找著能夠支持自己的他人的結論和觀點，至於對方究竟把什麼「作爲方法」倒不是特別重要了。

　　「悖論」是中國學者對竹內好等學者處境與思維的理解，有意思的是，當我們不再追問「作爲方法」的緣由和形式之時，自己也可能最終陷入某種「悖論」。比如，在肯定我們自己的現代價值之際，誕生了一個影響甚大的觀點：反現代的現代性。中國革命史被稱作是「反現代的現代性」，中國的左翼文學史也被描述爲「反現代性的現代性」，姑且不問這種表述來源於西方現代性話語的繁複關係，使用者至少沒有推敲：「反」的思維其實還是以西方現代性爲「正方」的，也就是說，是以它的「現代」爲基本內容來決定我們「反」的目標和形式，這是眞正的多元世界觀呢？還是繼續延續了我們所熟悉的「二元對立」的格局呢？這樣一種正／反模式與他們所要克服的思維中國／西方的二元模式如出一轍：把世界認定爲某兩種力量對立鬥爭的結果，肯定不是對眞正的多元文化的認可，依舊屬於對歷史事實的簡化式的理解。

二

　　「中國作爲方法」不是學術研究大功告成之際的自得的總結，甚至也還不是理所當然的研究的開始，更準確地說，它可能還是學術思想調整的準備活動。在這個意義上，眞正的「中國」問題在哪裏，「中國」視角是什麼，「中國」的方法有哪些，都亟待中國自己的學人在自己的歷史文化語境中開展新的探討。對於中國現代文學研究而言，我覺得，與其追隨「他者」的眼界，取法籠統的「中國」，還不如眞正返回歷史的現場加以勘察，進入「民國」的視野。「作爲方法的中國」是來自他者的啓示，它提醒我們尋找學術主體性的必要，「作爲方法的民國」，則是我們重拾自我體驗的開始，是我們自我認識、自我表達的眞正的需要。

　　海外中國學研究，在進入「作爲方法的中國」之後，無疑產生了不少啓發性的成果，即便如此，其結論也有別於自「民國」歷史走來的中國人，只有我們自己的「民國」感受能夠校正他者的異見，完成自我的表述。包括竹

〔註12〕董健、丁帆、王彬彬：〈我們應該怎樣重寫當代文學史〉，《江蘇行政學院學報》第 1 期，2003 年。

內好與溝口雄三這樣的智慧之論也是如此。對此，溝口雄三自己就有過眞誠的反思，他說包括竹內好在內他們對中國的觀察都充滿了憧憬式的誤讀，包括對「文革」的禮贊等等。〔註 13〕因爲研究「所使用的基本範疇完全來自中國思想內部」，而且「對思想的研究不是純粹的觀念史的研究，而是考慮整個中國社會歷史」，溝口雄三的中國研究曾經爲中國學者所認同，〔註 14〕例如他借助中國思想傳統的內部資源解釋孫中山開始的現代革命，的確就令人耳目一新，跳出了西方現代性東移的固有解說：

> 實際上大同思想不僅影響了孫文，而且還構成了中國共和思想的核心。

> 就民權來看，中國的這種大同式近代的特徵也體現在民權所主張的與其說是個人權利，不如說國民、人民的全體權利這一點上。

> 大同式的近代不是通過「個」而是通過「共」把民生和民權聯結在一起，構成一個同心圓，所以從一開始便是中國獨特的、帶有社會主義性質的近代。〔註 15〕

雖然這道出了中國現代歷史的重要事實，但卻只是一部分事實，很明顯，「民國」的共和與憲政理想本身是一個豐富而複雜的思想系統，而且還可以說是一個動態的有許多政治家、思想家和知識分子共同參與共同推進的系統。例如在五四新文化運動前夕，出於對民初政治的失望，《甲寅》的知識分子群體就展開了「國權」與「民權」的討論辨析，並且關注「民權」也從「公權」轉向「私權」，至《新青年》更是大張個人自由，個人情感與欲望，這才有了五四新文學運動，有了郁達夫的切身感受：「五四運動的最大成功，第一要算『個人』的發現。從前的人是爲君而存在，爲道而存在，爲父母而存在的，現在的人才曉得爲自我而存在了。」〔註 16〕不僅是五四新文學思潮，後來的自由主義者也一直以「個人權利」、「個人自由」與左右兩種政治主張相抗衡，雖然這些「個人」與「自由」的內涵嚴格說來與西方文化有所區別，但也不

〔註 13〕（日）溝口雄三：《作爲方法的中國》，12 頁，孫軍悅譯，三聯書店，2011 年。
〔註 14〕（日）溝口雄三、汪暉：〈沒有中國的中國學〉，《讀書》第 4 期，1994 年。
〔註 15〕（日）溝口雄三：《作爲方法的中國》，12、16、18 頁，孫軍悅譯，三聯書店，2011 年。
〔註 16〕郁達夫：《〈中國新文學大系‧散文二集〉導言》，上海良友圖書印刷公司，1935 年。

是「大同」理想與「社會主義性質」能夠涵蓋的，它們的發展在不同的歷史時期各有限制，但依然一路坎坷向前，並在 20 世紀 80 年代的海峽兩岸各有成效，成為現代中國文化建設所不能忽略的一種重要元素，不回到民國重新梳理、重新談論，我們歷史的獨特性如何能夠呈現呢？

　　治中國社會歷史研究多年的秦暉曾經提出了一個耐人尋味的觀點：當前中國學術一方面在反對西方的所謂「文化殖民」，另外一方面卻又常常陷入到外來的「問題」圈套之中，形成有趣的「問題殖民」現象。〔註 17〕我理解，這裡的「問題殖民」就是脫離開我們自己的歷史文化環境，將他者研討中國提出來的問題（包括某些讚賞中國「特殊價值」的問題）當作我們自己的問題，從而在竭力掙脫西方話語的過程中再一次落入到他者思維的窠臼。如何才能打破這種反反覆復、層層疊疊的他者的圈套呢？我以為唯一的出路便是敢於拋開一些令人眼花繚亂的解釋框架，面對我們自己的歷史處境，感受我們自己的問題，對中國現代文學的研究而言，就是要在「民國」的社會歷史框架中醞釀和提煉我們的學術感覺，這當然不是說從此固步自封，拒絕外來的思想和方法，而是說所有的思想和方法都必須在民國歷史的事實中接受檢驗，只有最豐富地對應於民國歷史事實的理論和方法才足以成為我們研究的路徑，才能最後為我所用。在中國現代文學研究領域，並沒有異域學者所總結完成的「中國方法」，而只有在民國「作為方法」取得成效之後的具體的認知，也就是說，是「作為方法的民國」真正保證了「作為方法的中國」。下述幾個中國現代文學研究中影響較大、也爭論較大的理論框架，莫不如此。

　　例如，在描述中國歷史從封建帝國轉入現代國家的時候，人們常常使用「民族國家」這一概念，中國現代文學也因此被視作「現代民族國家文學」，不斷放大「民族國家」主題之於中國現代文學的意義：「在抗戰文學中，由於抗日民族統一戰線的建立，民族國家成為了一個集中表達的核心的、甚至唯一的主題。」〔註 18〕甚至稱：「『五四』以來被稱之為『現代文學』的東西其實是一種民族國家文學。」〔註 19〕這顯然都不符合中國現代文學在「民國」

〔註 17〕http：//www.360doc.com/content/10/0626/01/875791_35273755.shtml

〔註 18〕曠新年：〈民族國家想像與中國現代文學〉，《文學評論》第 1 期，2003 年。

〔註 19〕劉禾：《文本、批評與民族國家文學——〈生死場〉的啟示》，1 頁，北京大學出版社，2007 年。對中國現代文學研究中民族國家理論的檢討，已有學者提出過重要的論述，如張中良《中國現代文學的「民族國家」問題》，臺灣花木蘭文化出版社，2012 年。

的歷史事實，不必說五四新文學運動恰恰質疑了無條件的「國家認同」，民國時期文學前十年「國家主題」並不占主導地位，出現了所謂「民族國家意識的延宕與缺席」現象，〔註 20〕第二個十年間的「民族主義」觀念也一再受到左翼文學陣營的抨擊，就是抗日戰爭時期的文學，也不像過去文學史所描繪的那麼主題單一，相反，多主題的出現，文學在豐富中走向成熟才是基本的事實。不充分重視「民國」的豐富意義就會用外來概念直接「認定」歷史的性質，從而形成對我們自身歷史的誤讀。

文學的「民國」不僅含義豐富，也不適合於被稱作是「想像的共同體」。近年來，美國著名學者本尼狄克特‧安德森關於民族國家的概括——「想像的共同體」廣獲運用， 借助於這一思路，我們描繪出了這樣一個國家認同的圖景：中國知識分子從晚清開始，利用報紙、雜誌、小說等媒體空間展開政治的文化的批判，通過這一空間，中國人展開了對「民族國家」的建構，使國民獲得了最初的民族國家認同。誠然，這道出了「帝國」式微，「民國」塑形過程之中，民眾與國家觀念形成的某些狀況，但卻既不是中華民族歷史演變的真相，〔註21〕也不是現實意義的民國的主要的實情，當然更不是「文學民國」的重要事實。現實意義的民國，在一個相當長的時間裏，依然處於殘留的「帝國」意識與新生的「民國」意識的矛盾鬥爭之中，專制集權與民主自由此漲彼消，黨國觀念與公民社會相互博弈，也就是說，「國家與民族」經常成為統治者鞏固自身權利的重要的意識形態選擇，與知識分子所要展開的公眾想像既相關又矛盾。在現實世界上，我們的國家民族觀念常常來自於政治強權的強勢推行，這也造成了

〔註20〕李道新在剖析民國電影文化時指出：「南京國民政府成立以前，亦即從電影傳入中國至 1927 年之間，中國電影傳播主要訴諸道德與風化，基本無關民族與國家。民族國家意識的延宕與缺席，與落後保守的價值導向及混亂無序的官方介入結合在一起，使這一時期的中國電影幾乎處在一種特殊的無政府狀態，並導致中國電影從一開始就陷入目標／效果的錯位與傳者／受眾的分裂之境。」（李道新：〈民族國家意識的延宕與缺席：南京國民政府成立前中國電影的傳播制度及其空間拓展〉，《上海大學學報》第 3 期，2011 年。）這樣的觀察其實同樣可以啟發我們的文學研究。

〔註21〕關於中華民族及統一國家的形成如何超越「想像」，進入「實踐」等情形，近來已有多位學者加以論證，如楊義、邵寧寧：〈描繪中國文學地圖——楊義訪談錄〉（《甘肅社會科學》第 5 期，2004 年）、郝慶軍：〈反思兩個熱門話題：「公共領域」與「想像的共同體」〉（《中國現代文學研究叢刊》第 5 期，2005 年）、吳曉東：〈「想像的共同體」理論與中國理論創新問題〉（《學術月刊》第 2 期，2007 年）等。

知識分子國家民族認同的諸多矛盾與尷尬，他們不時陷落於個人理想與政治強權的對立之中，既不能接受強權的思想干預，又無法完全另立門戶，總之，「想像」並不足以獨立自主，「共同體」的形成步履艱難，「文學的民國」對此表述生動。這裡既有胡適「只指望快快亡國」的情緒性決絕，〔註22〕有魯迅對於民族國家自我壓迫的理性認識：「用筆和舌，將淪爲異族的奴隸之苦告訴大家，自然是不錯的，但要十分小心，不可使大家得著這樣的結論：『那麼，到底還不如我們似的做自己人的奴隸好。』」〔註23〕也有聞一多輾轉反側，難以抉擇的苦痛：「我來了，我喊一聲，迸著血淚，／『這不是我的中華，不對，不對！』」「我來了，不知道是一場空喜。／我會見的是噩夢，那裡是你？／那是恐怖，是噩夢掛著懸崖，／那不是你，那不是我的心愛！」〔註24〕

　　總之，進入文學的民國，概念的迷信就土崩瓦解了。

　　也有學者試圖對外來概念進行改造式的使用，這顯然有別於那種不加選擇的盲目，不過，作爲「民國」實際的深入的檢驗工作也並沒有完成，例如近年來同樣在現代文學研究界流行的「公共空間」（「公共領域」）理論。在西歐歷史的近現代發展中，先後出現了貴族文藝沙龍、咖啡館、俱樂部一類公共聚落，然後推延至整個社會，最終形成了不隸屬於國家官僚機構的民間的新型公共社區，這對理解西方近代社會歷史與精神生產環境都是重要的視角。不過，眞正「公共空間」的形成必須有賴於比較堅實的市民社會的基礎，尚未形成眞正的市民社會的民國，當然也就沒有眞正的公共空間。〔註25〕可能正是考慮到了民國歷史的特殊性，李歐梵先生試圖對這一概念加以改造，他以「批判空間」替換之，試圖說明中國近現代知識分子也正在形成自己的「公共性」的興論環境，他以《申報‧自由談》爲例，說明：「這個半公開的園地更屬開創的新空間，它

〔註22〕胡適〈你莫忘記〉有云：「你莫忘記：／你老子臨死時只指望快快亡國：／亡給『哥薩克』，／亡給『普魯士』／都可以」。

〔註23〕魯迅：《且介亭雜文末編‧半夏小集》，《魯迅全集》6卷，617頁，人民文學出版社，2005年。

〔註24〕聞一多詩歌：〈發現〉。

〔註25〕對此，哈貝馬斯具有清醒的認識，他認爲，不能把「公共領域」這個概念與歐洲中世紀市民社會的特殊性隔離開，也不能隨意將其運用到其它具有相似形態的歷史語境中。（參見哈貝馬斯：《公共領域的結構轉型》初版序言，曹衛東譯，學林出版社，1999年。）中國學者關於「公共領域」理論在中國運用的反思可以參見張鴻聲：〈中國的「公共領域」及其它——兼論現代城市文學研究的本土化〉，《首都師範大學學報》第6期，2006年。

至少爲社會提供了一塊可以用滑稽的形式發表言論的地方。」魯迅爲《自由談》欄目所撰文稿也成爲李歐梵先生考辨的對象，並有精彩的分析，然而，論者突然話鋒一轉：「因爲當年的上海文壇上個人恩怨太多，而魯迅花在這方面的筆墨也太重，罵人有時也太過刻薄。問題是：罵完國民黨文人之後，是否能在其壓制下爭取到多一點言論的空間？就《僞自由書》中的文章而言，我覺得魯迅在這方面反而沒有太大的貢獻。如果從負面的角度而論，這些雜文顯得有些『小氣』。我從文中所見到的魯迅形象是一個心眼狹窄的老文人，他拿了一把剪刀，在報紙上找尋『作論』的材料，然後『以小窺大』，把拼湊以後的材料作爲他立論的根據。事實上他並不珍惜——也不注意——報紙本身的社會文化功用和價值，而且對於言論自由這個問題，他認爲根本不存在。」「《僞自由書》中沒有仔細論到自由的問題，對於國民黨政府的對日本妥協政策雖諸多非議，但又和新聞報導的失實連在一起。也許，他覺得眞實也是道德上的眞理，但是他從報屁股看到的眞實，是否能夠足以負荷道德眞理的眞相？」〔註26〕其實，魯迅對「自由」的一些理論和他是否參與了現代中國「批判空間」的言論自由的開拓完全是兩碼事。實際的情況是，在民國時代的專制統治下，任何自由空間的開拓都不可能完全是「輿論」本身的功效，輿論的背後，是民國政治的高壓力量，魯迅的敏感，魯迅的多疑，魯迅雜文的曲筆和隱晦，乃至與現實人事的種種糾纏，莫不與對這高壓環境的見縫插針般的戳擊有關。當生存的不自由已經轉化成爲「日常生活」的一部分（所謂「報屁股看到的眞實」），成爲各色人等的「無意識」，點滴行爲的反抗可能比長篇大論的自由討論更具有「自由」的意味。這就是現代中國的基本現實，這就是民國輿論環境與文學空間所具有的歷史特徵。對比晚清和北洋軍閥時代，李歐梵先生認爲，1930年代雖然「在物質上較晚清民初發達，都市中的中產階級讀者可能也更多，咖啡館、戲院等公共場所也都具備」，但公共空間的言論自由卻反而更小了。原因何在呢？他認爲在於像魯迅這樣的左翼「把語言不作爲『中介』性的媒體而作爲政治宣傳或個人攻擊的武器和工具，逐漸導致政治上的偏激文化（radicalization），而偏激之後也只有革命一途」。〔註27〕這裡涉及對左翼文化的反思，自有其準確深刻之處，但是，

〔註26〕李歐梵：〈「批評空間」的開創——從《申報》「自由談」談起〉，見《現代性的追求》，19、20頁，三聯書店，2000年。
〔註27〕李歐梵：〈「批評空間」的開創——從《申報》「自由談」談起〉，見《現代性的追求》，21頁，三聯書店，2000年。

就像現代中國社會的諸多「公共」從來都不是完全的民間力量所打造一樣，言論空間的存廢也與政府的強力介入直接關聯，左翼文化的鋒芒所指首先是專制政府，而對政府專制的攻擊，本身不也是一種擴大言論自由的有效方式？

作為方法的民國，意味著持續不斷地返回中國歷史的過程，意味著對我們自身問題和思維方式的永遠的反省和批判，只有這樣，我們的中國現代文學研究才是真正屬於自己的。

三

「民國作為方法」既然是在自覺尋找中國現代文學研究「自己的方法」的意義上提出來的，那麼，它究竟如何才能成為一種與眾不同的「方法」呢？或者說，它對中國現代文學研究具體有哪些著力點與可能開拓之處呢？我認為至少有這樣幾個方面的工作可以開展：

首先是為「中國」的學術研究設立具體的「時間軸」。也就是說，所謂學術研究的「中國問題」不應該是籠統的，它必須置放在具體的時間維度中加以追問，是「民國」時期的中國問題還是「人民共和國」時期的中國問題？當然，我們曾經試圖以「現代化」、「現代性」這樣的概念來統一描述，但事實是，兩個不同的歷史階段有著相當多的差異性，特別是作為精神現象的文學，在生產方式、傳播接受方式及作家的生存環境、寫作環境、文學制度等等方面都更適合分段討論。新時期文學曾經被類比為五四新文學，這雖然一度喚起了人們的「新啟蒙」的熱情，但是新時期究竟不是「五四」，新時期的中國知識分子也不是「五四」一代的陳獨秀、胡適與周氏兄弟，到後來，人們質疑 1980 年代，質疑「新啟蒙」，連帶五四新文化運動一起質疑，問題是經過一系列風起雲湧的體制變革和社會演變，「五四」怎麼能夠為新時期背書？就像民國不可能與人民共和國相提並論一樣；也有將「文革」追溯到「五四」的，這同樣是完全混淆了兩個根本不同的歷史文化情境。在我看來，今天的中國現當代文學研究，尚需要在已有的「新文學一體化」格局中（包括影響巨大的「20世紀中國文學」）重新區隔，讓所謂的「現代」和「當代」各自歸位，回到自己的歷史情境中去，這不是要否認它們的歷史聯繫，而是要重新釐清究竟什麼才是它們真正的歷史聯繫。研究中國現代文學，就必須首先回到民國歷史，將中國現代文學作為民國時期的精神現象。晚清盡頭是民國，民國盡頭是人民共和國，各自的歷史場景講述著不同的文學故事。

其次是「中國」的學術研究也必須落實到具體的「空間場景」。「空間和時間是一切實在與之相關聯的架構。我們只有在空間和時間的條件下才能設想任何真實的事物。」〔註28〕民國及其複雜的空間分佈恰恰爲我們重新認識中國問題的複雜性提供了基礎。在過去一個相當長的時期內，我們習慣將中國的問題置放在種種巨大的背景之上，諸如「文藝復興」、「啓蒙與救亡」、「中外文化衝撞與融合」、「中國傳統文化」、「現代化」、「走向世界文學」、「全球化」、「現代民族國家進程」等等，這固然確有其事，但來自同樣背景的衝擊，卻在不同的區域產生了並不相同的效果，甚至有些區域性的文學現象未必就與這些宏大主題相關。詩人何其芳在四川萬縣的偏遠山區成長，直到1930年代「還不知道五四運動，還不知道新文化，新文學，連白話文也還被視爲異端」。〔註29〕這對我們文學史上的五四敘述無疑是一大挑戰：中國的現代文化進程是不是同一個知識系統的不斷演繹？另外一個例證也可謂典型：我們一般都把白話新文學的產生歸結到外來文化深深的衝擊，歸結到一批留美留日學生的新式教育與人生體驗，所以「走異路，逃異地」的魯迅於1918年完成了〈狂人日記〉，留下了中國現代文學史上第一篇白話小說，但跳出這樣的中／西大敘事，我們卻可以發現，遠在內部腹地的成都作家李劼人早在尚未跨出國門的1915年就完成了多篇新式白話小說，這裡的文化資源又是什麼？

中國的學術問題並不產生自抽象籠統的大中國，它本身就來自各個具體的生活場景，具體的生存地域。有學者對民國文學研究不無疑慮，因爲民國不同於「一體化」的人民共和國，各個不同的政治派別、各個不同的區域差異比較明顯，更不要說如抗戰時期的巨大的政權分割（國統區、解放區及淪陷區）了，這樣一個「破碎的國家」能否方便於我們的研究呢？在我看來，破碎正是民國的特點，是這一歷史時期生存其間的中國人（包括中國知識分子）的體驗空間，只要我們不預設一些先驗的結論，那麼針對不同地域、不同生存環境的文學敘述加以考察，恰恰可以豐富我們的歷史認識。一個生存共同體，它的魅力並不是它對外來衝擊的傳播速度，而是內部範式的多樣性和豐富性，這就是我們所謂的「地方性知識」。民國時期的「山河破碎」，正好爲各種地方性知識的生長創造了條件，如果能夠充分尊重和發掘這些地方性知識視野中的精神活動與文學創造，那麼中國的現代文學研究也將再添不少新的話題、新的意趣。

〔註28〕（德）恩斯特・卡西爾：《人論》，73頁，甘陽譯，西苑出版社，2003年。
〔註29〕方敬、何頻伽：《何其芳散記》，22頁，四川教育出版社，1990年。

　　「破碎」的民國給我們的進一步的啓發可能還在於：區域的破碎同時也表現爲個人體驗的分離與精神趣味的多樣化。當代中國的大眾文化曾經出現了所謂的「民國熱」，在我看來，這種以時尚爲誘導、以大眾消費爲旨歸，充滿誇張和想像的「熱」需要我們深加警惕，絕不能與嚴肅的歷史探詢相混淆。其中唯一值得肯定的便是某種不滿於頹靡現狀，試圖在過去發掘精神資源的願望。今天的人們也或多或少地感佩於民國時代知識分子精神狀態的多樣性，如魯迅、陳獨秀、胡適一代新文化創造者般的不完全受縛於某種體制的壓力或公眾的流俗的精神風貌。〔註 30〕的確，中國現代作家精神風貌的多姿多彩與文學作品意義的多樣化迄今堪稱典範，還包括新／舊、雅／俗文學的多元並存。對應於這樣的文學形態，我們也需要調整我們固有的思維模式，未來，如果可能完成一部新的文學發展史的話，其內容、關注點和敘述方式都可能與當今的文學史大爲不同。

　　第三，「作爲方法的民國」的研究並不同於過去一般的歷史文化與文學關係的研究，有著自己獨立的歷史觀與文學觀。中國現代文學研究不乏從歷史背景入手的學術傳統，包括傳統文學批評中所謂的「知人論世」，包括中國式馬克思主義的社會歷史批評，也包括新時期以後的文化視角的文學研究。應該說，這三種批評都是有前提的，也就是說，都有比較明確、清晰的對歷史性質的認定，而文學現象在某種意義上都必須經過這一歷史認識的篩選。「知人論世」往往轉化爲某種形式的道德批評，倫理道德觀是它篩選歷史現象的工具；中國式馬克思主義的社會歷史批評在新中國建立後相當長的時間中表現爲馬克思主義普遍原理的運用，有時難免以論帶史的弊端；文化視角的文學研究曾經爲我們的研究打開了許多扇門與窗，但是這樣的文化研究常常是用文學現象來證明「文化」的特點，有時候是「犧牲」了文學的獨特性來遷就文化的整體屬性，有時候是忽略了作家的主觀複雜性來遷就社會文化的歷史客觀性——總之，在這個時候，作爲歷史現象的文學本身往往並不是我們呈現的對象，我們的工作不過是借助文學說明其它「文化」理念，如通過不同地域的文學創作證明中國區域文化的特點，從現代作家的宗教情趣中展示各大宗教文化在中國的傳播，利用文學作品的政治傾向挖掘現代政治文化在文學中的深刻印記等等。

〔註30〕丁帆先生另有「民國文學風範」一說可以參考，他說：「我所指的『民國文學風範』就是五四新文學傳統，特指五四前後包括俗文學在內的『人的文學』內涵。」見丁帆：〈「民國文學風範」的再思考〉，《文藝爭鳴》第 7 期，2011 年。

　　「作爲方法的民國」就是要尊重民國歷史現象自身的完整性、豐富性、複雜性，提倡文學研究的歷史化態度。既往的中國現代文學研究充斥了一系列的預設性判斷，從最早的「中國新文學是反帝反封建的文學」、「五四新文學運動實施了對舊文學摧枯拉朽般的打擊」、「中國現代文學的發展與歷史的進步方向相一致」，到新時期以後「中國現代文學是走向世界的文學」、「中國現代文學是現代性的文學」、「20 世紀中國文學的總主題是改造民族靈魂，審美風格的核心是悲涼」等等。在特定的時代，這些判斷都實現過它們的學術價值，但是，對歷史細節的進一步追問卻讓我們的研究不能再停留於此，比如回到民國語境，我們就會發現，所謂「封建」一說根本就存在「名實不符」的巨大尷尬，文學批評界對「封建」的界定與歷史學界的「封建」含義大相徑庭，「反封建」在不同階段的眞實意義可能各各不同；已經習用多年的「進步作家」、「進步文學」究竟指的是什麼，越來越不清楚，在包括抗戰這樣的時期，左右作家是否涇渭分明？所謂「右翼文學」包括接近國民黨的知識分子的寫作是不是一切都以左翼爲敵，它有沒有自己獨立的文學理想？國民黨專制文化是否鐵板一塊，其內部（例如對文學的控制與管理）有無矛盾與裂痕？共產黨的革命文學是否就是爲反對國民黨和「舊社會」而存在，它和國民黨的文學觀念有無某些聯通之處？被新文學「橫掃」之後的舊派文學是不是一蹶不振，漸趨消歇？因爲，事實恰恰相反，它們在民國時代獲得了長足的發展，並演化出更爲豐富的形態，這是不是都告訴我們，我們先前設定的文學格局與文學道路都充滿了太多的主觀性，不回到民國歷史的語境，心平氣和地重新觀察，文學中國（文學民國）的實際狀況依然混沌。

　　這就是我們主張文學研究「歷史化」，反對觀念「預設」的意義。當然，反對「預設」理念並不等於我們自己不需要任何理論視角，而是強調新的研究應該比以往任何時候都尊重民國社會歷史本身的實際情形，研究必須以充分的歷史材料爲基礎，而不應當讓後來的歷史判斷（特別是極左年代的民國批判概念）先入爲主，同時，時刻保持一種自我反思、自我警醒的姿態。回到民國，我們的研究將繼續在歷史中關注文學，政治、經濟、法律、教育等等議題都應當再次提出，但是與既往的研究相比，新的研究不是對過去的拾遺補缺，不是如先前那樣將文學當作種種社會文化現象的例證，相反，是爲了呈現文學與文化的複雜糾葛，不再執著於概念轉而注重細節的挖掘與展示。例如「經濟」不是一般的政治經濟學原理，而是具體的經濟政策、經濟

模式與影響文學文化活動的經濟行為，如出版業的運作、經濟結算方式；「政治」也不僅僅是整體的政治氛圍概括，而是民國時期具體的政治形態與政治行為，憲政、政黨組織形式，官方的社會控制政策等等；在文學一方面，也不是抽取其中的例證附著於相應的文化現象，而是新的創作細節、文本細節的全新發現。回到文學民國的現場，不僅是重新理解了民國的文化現象，也是深入把握了文學的細節，這是一種「雙向互犁」的研究，而非比附性的論證說明。例如茅盾創作《子夜》，就絕非一個簡單的「中國道路」的文學說明，它是 1930 年代中國經濟危機、社會思想衝突與茅盾個人的複雜情懷的綜合結果。解析《子夜》決不能單憑小說中的理性表述與茅盾後來的自我說明，也不能套用新民主主義論的現成歷史判斷，而必須回到「民國歷史情境」。在這裡，國家的基本經濟狀況究竟如何，世界經濟危機與民國政府的應對措施，各種經濟形態（外資經濟、民營經濟、買辦經濟等）的真實運行情況是什麼，社會階層的生存狀況與關係究竟怎樣，中國現實與知識界思想討論的關係是什麼，文學家茅盾與思想界、政治界的交往，茅盾的深層心理有哪些，他的創作經歷了怎樣的複雜過程，接受了什麼外來信息和干預，而這些干預又在多大程度上改變了茅盾，茅盾是否完全接受這些干預，或者說在哪一個層次上接受了、又在哪一個層次上抵制了轉化了，作家的意識與無意識在文本中構成怎樣的關係等等，這樣的「矛盾綜合體」才是《子夜》，「回到民國歷史」才能完整呈現《子夜》的複雜意義。

民國作為方法，當然不會拒絕外來的其它文學理論與批評視角，但是，正如前文所說，這些新的理論與批評不能理所當然就進入中國現代文學研究之中，它必須能夠與文學中國——民國時期的文學狀況相適應，並不斷接受研究者的質疑和調整。例如，就我們闡述的歷史與文學互通、互證的方法而言，似乎與歐美的近半個世紀以來的「文化研究」頗多相近，因此不妨從中有所借鑒，但是，在另外一方面，我們必須認識到，歐美的「文化研究」的具體問題——如階級研究、亞文化研究、種族研究、性別研究、大眾傳媒研究等——都來自與中國不同的環境，自然不能簡單移用。對於我們而言，更重要的可能就是一種態度的啟示：打破了文學與各種社會文化之間的間隔，在社會文化關係版圖中把握文學的意義，文學的審美個性與其中的「文化意義」交相輝映。

作為方法的民國，昭示的是中國現代文學研究「學術自主」的新可能，

它不是漂亮的口號，而是迫切的學術願望，不是招搖的旗幟，而是治學的態度，不是排斥性的宣示，而是自我反思的眞誠邀請，一句話，還期待更多的研究者投入其中，以自己尊重歷史的精神。

求求我，表揚你
——對袁老師及其電影史研究的粗淺看法

　　電影《放逐》（中國香港，寰亞電影有限公司 2006 年出品）裏，說服了押運神槍手反水、準備和兄弟們帶著一噸黃金跑路的阿火，決定回去救阿和的妻女時，神槍手問：「金子怎麼辦？」阿火輕鬆地回答道：「無所謂，江湖再見。」神槍手吸了一口煙，站起身拿起酒瓶，緩緩說道：「天亮前，船會等到天亮前才開。」

　　這種「得之，我幸，不得，我命」的瀟灑從容和英雄之間惺惺相惜的冒死等待，無不都是真性情的體現。在我看來，袁老師也是個性情中人，雖然他可能未必喜歡被人這麼稱呼，[註1] 但讓我為他的新書作序，本身就像是性情中人幹的事。

　　我和袁老師的關係，用「網友」來形容似乎有點彆扭，但我也想不出更妥帖的表述。大島渚去世的那年，我因為想獲取一些關於考研的「有用信息」，無意中發現了袁老師的博客「一邊種地，一邊讀書。」——彼時新浪還沒有把博客名強行統一改為「XX 的博客」的形式。但沒多久，我就初步判斷：這個叫袁慶豐的教授在學校裏是一個沒有話語權的人。另一方面，我又隱約感覺到：這是個保守、古樸的傳統文人。

　　這讓我挺感興趣。

　　所以我依然關注著他的博客。有一次，我對考同校同專業不同方向的時

任女友説：「袁老師新發了一篇博文，題目是《為什麼説我像狗一樣既忠誠又愚蠢？》」她爽朗地笑道：「哈哈，那説的不就是你嘛！」

　　舉此例意在説明，我和袁老師存在某些性格上的共性，並非完全是我一廂情願的臆度。我一度認為，我和袁老師最大的共同點，就是都「忠誠而愚蠢」。

　　袁老師開始注意到我，是因為我在他博客的互動。我出於「文字糾錯強迫症」，會在幾乎每篇發現了錯別字的博文後留言，而他也幾乎每條必回，而且都是「已經遵命改過，尚祈再加批評」之類。

　　就這樣，我們「互粉」了。

　　小學的語文老師教過我：先學做人，再做學問。對袁老師，學術似乎就是生活。這不是想説他走出教研室以後還想著教學研究，而是他的性格特點也或多或少成了他的學術特點。如前所述，我認為袁老師是個傳統文人，而他研究的恰恰是早期電影。

　　袁老師的寫作風格和我對他的個人印象也是高度匹配的，無論博文還是學術論文，都給人一種感覺：一個中老年男人娓娓道來、絮絮叨叨甚至自説自話。這種文風必然有他本人的主體烙印，但在我看來卻是缺乏文采的。試以本書各章標題為例，除第六章和第九章以外，其餘標題讀起來都像是「產品説明書」。我始終認為，「文采與理性齊飛」應當是所有學術論文著力追求的目標。袁老師的文章觀點十足，但卻難給人以閱讀上的美感。我猜測這是他有意為之。〔註2〕另外，或許是努力想構建理論體系又擔心讀者看不懂，袁老師的文章有時候讓人覺得囉嗦：同一篇文章裏一個意思反覆説好幾遍，不同文章裏也還是那幾個概念顛過來倒過去的説。

　　本書是對抗日戰爭全面爆發以前新市民電影文本進行讀解的著作。依照袁老師的觀點，百年中國電影史的發展，自有其內在邏輯和文化承接：早期電影史上的各種類型，都可以在1949年以後的中國電影/華語電影中找到對應形態（或許是出於謹慎和保守，袁老師從未使用過「華語電影」來代指兩岸三地電影）。

〔註2〕袁老師的某些學術論文，具有較強的口語化寫作風格，參見刊登在《學術界》2013年第4期的《1930年代新市民電影的盛裝返場——以2010年的〈讓子彈飛〉為例》。他本人也在《黑白膠片的文化時態——1922～1936年中國早期電影現存文本讀解·代自序》（上海三聯書店2009年版）裏自述，其著作「既有個人觀點的強烈舒張，又受制於學術討論的硬性規範。」

　　那麼問題來了——反過來説，1949 年以後的中國電影尤其是 2000 年以後的當代電影，也同樣都能在早期電影史中「對號入座」嗎？如果不能，在中國電影「承接」過程中發生「變異」的部分，應當怎樣看待？如果歷史總是驚人的相似，那麼其相似性有幾分？如果「新瓶」裏裝的是「舊酒」，那麼「新瓶」本身價值幾何？

　　不只是我有疑問，袁老師關於早期電影的理論體系，本身也是不確定和待完善的。譬如之前他認為無法歸類的「新浪潮電影」——《浪淘沙》（聯華影業公司 1936 年出品，吳永剛編導），現在就被他劃到「國防電影」類別。這既源於舊電影拷貝的不斷發現，也是他接受批評、不斷思考的結果。

　　袁老師是研究文學出身，研究電影用的也是個案分析的方法。他對文本的重視，簡直可謂無以復加。本書中，他不厭其煩地對每一部影片進行鏡頭統計：單個鏡頭時長，片頭片尾、黑屏和字幕等鏡頭，運動和固定鏡頭以及不同景別的鏡頭。在第 12 章，還對《壓歲錢》、《夜半歌聲》、《十字街頭》、《馬路天使》四部有聲片配樂和插曲的具體分佈時間區域進行了説明。

　　單純地統計鏡頭類別和時長而不考慮畫面內容，對研究特定時期電影創作水平或許有幫助，但對於分析具體的文本則未免有形而上學之嫌。因為只有當藝術作品的形式服務於內容時，其形式才有意義。這體現出袁老師重文本內容而輕技術手段的特點。〔註 3〕他説：「電影藝術誕生了一百多年，除了表現上的技術方式與其它藝術有不同外，很難説它有什麼新東西。」而實際上，對於敘事類的藝術作品，有時「訴説就是一切」。〔1〕譬如今年口碑頗好的國產片《心迷宮》，如果不是因為匠心獨運的敘事結構，恐怕也只是個乏善可陳的鄉村故事。

　　如果説在 1930 年代，「奉行新技術主義路線」大約就是「有聲片」、「歌舞元素」的同義詞，那麼在當下創作語境中，它的所指應該更豐富而具有多義性。袁老師在論證當代新市民電影的屬性時，對這一條也是大而化之，並沒有明確標準。另一方面，3D、IMAX 等新技術的發展，已經引起電影美學內涵的連鎖反應，而這在袁老師的研究中幾乎是缺失的。〔註 4〕

〔註 3〕這種批評，前者已有論及。參見《黑白膠片的文化時態——1922～1936 年中國早期電影現存文本讀解‧代序》（上海三聯書店 2009 年版）。

〔註 4〕參見刊登在《學術界》2013 年第 4 期的《1930 年代新市民電影的盛裝返場——以 2010 年的〈讓子彈飛〉為例》和刊登在《當代電影》2014 年第 5 期的《為什麼説〈私人訂制〉再次證明了新市民電影的健在？——從 20 世紀 30 年代中國電影歷史上的左翼電影和新市民電影説起》。

　　某種程度上，袁老師的研究像是做證明題：用具體文本來證明某種類型的存在/「復活」。但有時難免會給人以「不是從公式推導出結果，而是用結果往公式上套」的感覺。[註5] 在此過程中，資本、市場、觀眾等因素有可能被置於次要位置甚至被忽略，而這些在中國電影市場化的進程中，對電影創作的影響卻是至關重要的。

　　袁老師認為，西方的理論體系都難以解釋中國電影的根本性問題。[2] 這不代表他的理論體系就適用於所有中國電影。理論的借用，應該具體文本具體分析。實際上，袁老師自己在論證《讓子彈飛》的新市民電影屬性時，也提到了「對經典電影橋段的借用」，[3] 這不正是「互文性（intertextuality）」分析嗎？

　　說到互文性，我個人認為對於《一步之遙》，運用互文性理論來分析它在迷影文化中的地位比論證它應當歸屬於新市民電影更有趣。被袁老師稱為新市民電影的《讓子彈飛》和《一步之遙》，其導演姜文前作《鬼子來了》和《太陽照常升起》都被歸類於「新左翼電影」，如果運用「作者理論」對姜文進行分析，或許能發現這些作品中貫徹始終、但在分類過程中被有意或無意割裂的內涵。

　　當然，關於電影史研究，有一點很令人興奮，那就是它幾乎可以從任何一個地方著手研究。[4] 研究者自得其樂，學習者各取所需，就是我理想的學術狀態。

　　袁老師囑我「多批評，莫表揚」、「用心批評，只說缺點」，我才不揣冒昧，寫下這些幼稚的文字。祝袁老師的電影史研究永遠有樂趣、不斷有發現。三流師範學校新聞專業本科畢業生，給大學教授的專著寫序——我內心的忐忑，可想而知。請袁老師對我的批評提出批評。

河南師範大學廣播電視新聞學專業 2014 屆本科生　吳岸楊

2015 年 11 月 29 日　新鄉

〔註 5〕這種批評，前者已有論及。參見《黑白膠片的文化時態——1922～1936 年中國早期電影現存文本讀解·代序》（上海三聯書店 2009 年版）。

參考文獻：

〔1〕莫言，四十一炮：〔M〕，上海：上海文藝出版社，2012。

〔2〕袁慶豐，黑夜到來之前的中國電影——1937年現存國產影片文本讀解：〔M〕，北京： 中國廣播電視出版社，2012。

〔3〕袁慶豐，1930年代新市民電影的盛裝返場——以2010年的《讓子彈飛》爲例〔J〕，學術界，2013（4）：185～195。

〔4〕（美）艾倫，戈梅里著·電影史：理論與實踐（插圖修訂版）·重構中國電影史（特輯）〔M〕，李迅譯·北京：世界圖書出版公司，2010。

下 冊

本書體例申明

甲、本書中所有以個案形式讀解的影片，其版本與來源有以下幾種情形：

子、《脂粉市場》、《女兒經》、《都市風光》、《船家女》、《新舊上海》、《壓歲錢》、《夜半歌聲》、《如此繁華》等 VCD 版本，均屬於中國大陸公開發行的「俏佳人」品牌系列（廣州俏佳人文化傳播有限公司總經銷）。

丑、《姊妹花》、《漁光曲》、《十字街頭》、《馬路天使》等 VCD 或 DVD 碟片雖然不是出自這個系列，但亦是中國大陸市場公開售賣的合法產品。

寅、《王老五》、《迷途的羔羊》，是聽過我的課的熱心學生從網上發現片源後，特地從中國大陸合法網站上為我下載以供教學之用的。

卯、《二對一》來自（北京）中國電影資料館館藏影片在學術會議上的展映，《藝海風光》則是源自（北京）中國電影資料館館藏影片的營業性放映〔註1〕。

乙、本書中以個案形式討論的全部影片，均按照其出品年月或公映時間排序，並以《中國電影發展史》（程季華主編，中國電影出版社 1963 年版）

〔註1〕中國電影藝術研究中心專業人士公開表示：「現在我們能夠看到的 1949 年以前的中國電影只有二百多部。……中國電影資料館現存的 1949 年前的中國電影應該在 380～390 部左右。也就是說，加上殘缺不全的和不能放映的，至少還有 100 部以上的電影可以挖掘」（饒曙光：《關於深化中國電影史研究的斷想》，載《當代電影》2009 年第 4 期，第 72 頁）。因此有前輩專家呼籲：「資料開放，資源共享！」（酈蘇元：《走近電影，走近歷史》，載《當代電影》2009 年第 4 期，第 63 頁）。我同意業內專家的意見，籲請（北京）中國電影資料館無條件地向公眾公映館藏影片，或者至少允許公眾免費調閱其已經數字化的館藏影片部分，以恢復其公共學術資源全民享有的本來面目，更好地為社會發展和學術研究服務。

第一卷標注的年月為主要依據。同一年內以及同一公司出品的影片先後順序，除非有確切的依據，一般按照類型敘述的方便排序。所有影片的時長標注，則均以 VCD 版本之實際時長為準，因此，可能會與相關資料譬如 IMDB（Internet Movie Data Base，互聯網電影數據庫）的標注有些許出入。其原因，有可能是原膠片本身的缺失或轉錄時有意無意地疏漏造成，因此，不能保證其原始時長數據的準確性。

丙、**專業鏈接 1** 和**專業鏈接 2** 的說明：

子、每章正文前面的**專業鏈接 1** 中放入圓括弧即「（ ）」裏面的文字，是我的補充說明。譬如《都市風光》一片，因為原片頭和演職員表缺失，所以相關信息只能根據盡可能找到的資料補充。譬如：唐納（飾演青年作家李夢華）、張新珠（飾演虛榮女子張小雲）、周伯勳（飾演小雲父）、吳茵（飾演小雲母）、白璐（飾演小雲家女傭）、顧夢鶴（飾演投機商人王俊三）、蔡若虹（飾演王俊三的陳姓秘書）、藍蘋（飾演王俊三的女友）、袁牧之（飾演街頭賣藝小販）。放入「【 】」括號中文字，是根據相關資料補出的，譬如：（《脂粉市場》）〉〉〉編劇：丁謙平【夏衍】；又譬如：（《壓歲錢》）〉〉〉編劇：洪深【夏衍】

丑、**專業鏈接 2** 中的原片中英文片頭，以及演職員表的中英文字幕，一律按照原影片出現的樣式和順序列出，並自行加注標點符號；片頭字幕無從辨認和訂正，或無從查考的，均以「□」表示闕如。譬如：（《女兒經》）演員表：沈金芳——高華之母，□□□……□□□□，高步霄——百貨店店員，……，□□□……□□□□，王吉亭——富少年，……，尤光照——衛隊長，朱少泉——副衛隊長，□□□……□□□□。

丁、本書所有的原稿，均以我歷年來在本科生和研究生課堂教學中使用的演講錄音原始稿為基礎，雖經多次補充、完善並最終修訂成文，但並沒有從根本上改變我的固有觀點和原有論證體系。而由於研討時間、聽課對象以及演講場合的不同，在涉及多部電影相同的時代背景和藝術發展脈絡時，不得不保留多有近似甚至是重複性的觀點、表述以及同樣的參考文獻。考慮到讀者讀取時的理解方便，對此基本上不做大的改動或刪削，依然保持各篇章（影片）相對獨立、自成體系的面貌，以盡可能復原現場觀摩後的感性氛圍和觀照角度。

戊、考慮到即使是專業觀眾群體譬如高校影視專業的在讀學生，對本書具體讀解的十六部影片，也未必都有完整和耐心觀賞的興趣，因此，根據十

餘年來我個人的研究心得和學生們課堂上的觀摩反映，於每部影片的文字分析之前，給出了一個純個人標準的影片**觀賞推薦指數**供讀者參考批判。實際上，我認為二星★★☆☆及以下的影片大多只具有專業史料性質，三星★★★☆☆及三星以上的影片至今還有觀賞價值，而四星★★★★☆及四星上的，仍然具有強烈的現實意義和重新讀解甚至是重新公映之價值。

己、除了《導論》、第三章（討論《二對一》）、第玖章（討論《迷途的羔羊》）和第拾伍章（討論《藝海風光》）是近兩年新完成的篇幅外，包括在舊版基礎上改正了論點的第伍章（討論《漁光曲》）在內，各章的刪節版此前都曾分別收入《黑白膠片的文化時態——1922～1936 年中國早期電影現存文本讀解》（上海三聯書店 2009 年 10 月版）和《黑夜到來之前的中國電影——1937 年現存國產影片文本讀解》（中國廣播電視出版社 2012 年版）兩書。為讀者讀取時對比方便和統一格式計，此次收入本書時，各章的主標題和副標題均參照成書版原有題目和格式有所調整，正文中的小標題，則一律保留原成書版的面貌，唯將其序號，譬如一、二、三、四等，統一改為甲、乙、丙、丁，小標題或分論點序號，譬如 1、2、3、4 或（一）（二）（三）（四）等，均改為子、丑、寅、卯；此外，除了個別部分被融入正文外，原成書版的**相關鏈接**一律植入歸併於注釋之中。

庚、需要特別說明的是，包括《導論》在內的各章主體部分，在結集成書前，大多都曾在中國大陸各層級的學術雜誌上公開發表。由於眾所週知的原因，這些文字發表時都被不同程度地刪改，即使後來收入《黑白膠片的文化時態——1922～1936 年中國早期電影現存文本讀解》和《黑夜到來之前的中國電影——1937 年現存國產影片文本讀解》兩書時也不例外。因此，此次編輯本書時，主要是：

子、除了訂正已發現的錯訛文字或標點符號，全部恢復我最初原始稿的本來面貌，併用黑體字表示（是被刪除過的部份）。

丑、新增加了**專業鏈接 3：影片鏡頭統計**（及其說明）和**專業鏈結 5：影片經典臺詞**。

寅、將以往成書版的**閱讀指要**和雜誌發表版的**內容摘要**部分酌情整合，（雜誌版的些許**參考文獻**條目亦酌情補入），補入雜誌版發表版的**關鍵詞**並將雜誌發表版的**英文摘要**附在每章文末，（當初沒有的，現今統一翻譯補入），以資檢索。

　　卯、爲每章新選配了三十至九十張所討論影片的截圖或相關影片截圖、圖片，新增圖片一般不再專門撰寫說明性文字。

　　因此，包括《導論》在內，我特別於每一章的最後一條注釋中，對其收入本書前的發表及此次結集的修訂情況包括增加的圖片情況等信息，都逐一做了具體交代，敬請鑒定核查。

　　辛、除了《導論》外，本書所討論的十六部影片，（即使是新近完成研討的個案，即《二對一》、《迷途的羔羊》）、《藝海風光》，還有《漁光曲》），無論是已經以學術論文的格式先行發表，還是幾年前已經先後收入《黑夜到來之前的中國電影——1937年現存國產影片文本讀解》和《黑夜到來之前的中國電影——1937年現存國產影片文本讀解》兩書，這幾年間我都又逐一完成了二讀甚至四讀工作，也就是又先後重新寫了二稿甚至四稿的文字。但此次成書，並不打算添加這些更新的版本，還是以最初的面目示人，以期得到更多讀者的深入批評——新舊版本的結集成書，須假以時日、有待來茲。

　　壬、本書對現存的、公眾可以看到的1933～1937年中國電影文本的集中討論，建立此前對1922～1937年現存電影文本討論的前提和基礎之上。其中，討論舊市民電影的部分（涉及十五部影片個案），此前已經另外收入《黑棉襖：民國文化中的舊市民電影——1922～1931年現存中國電影文本讀解》（上下冊，臺灣花木蘭文化出版社2014年9月版，「民國文化與文學研究文叢」第三編，第十一、十二冊），討論左翼電影的部分（涉及十六部影片個案），亦另行收入《黑馬甲：民國時代的左翼電影——1932～1937年現存中國電影文本讀解》（上下冊，臺灣花木蘭文化出版社2015年9月版，「民國文化與文學研究文叢」第五編，第二十三、二十四冊），敬請讀者諸君參照批判。

　　癸、本書中的一切文字表述，但有借鑒、參考或引用他人著述及數據、論點的情形，我都嚴格依照學術研究之慣例通則，逐一鄭重注明了詳細出處，不敢掠美。本書中所使用的所有影片截圖，均源自已經版權失效的影片並注明了出處。除非引用，本書所有的見解和觀點的表達，都一如既往地堅持使用第一人稱單數，以表明本人獨立完成研究的學術原創性立場，以及對論述中出現的所有個人見解和學術觀點持負責之嚴肅態度。

袁慶豐　乙未年臘月謹啓
北京東郊定福莊養心廊

圖片說明：《黑白膠片的文化時態——1922～1936年中國早期電影現存文本讀解》（上海三聯書店2009年10月第1版封底封面照，圖左）；《黑夜到來之前的中國電影——1937年現存國產影片文本讀解》（中國廣播電視出版社2012年1月第1版封底封面照，圖右）。

導論：「有幾分證據，說幾分話」——中國早期電影歷史文本實證研究的理論價值和現實意義

閱讀指要：

　　1932 年新電影出現之前的中國早期電影，都只能屬於舊市民電影形態。1937 年 7 月抗戰全面爆發前的中國新電影，除了左翼電影，還有新市民電影、新民族主義電影，以及左翼電影的升級換代版國防電影（運動）。抗戰期間，作為抗戰文藝的重要組成部分，國統區基本上是國防電影一統天下，而新市民電影和新民族主義電影則在容身於淪陷區的同時，又得以發展成熟。1945 年抗戰勝利後，新市民電影和新民族主義電影得以全面恢復。1949 年後，兩岸三地的電影形態各自前行，至 1990 年代晚期之前，香港電影始終是早期中國電影或曰民國電影的正宗傳承，臺灣和大陸電影向民國電影的全面回歸時間分別是 1980 年代初期和 1990 年代末期。2000 年前後的中國電影同中有分，但整體上全面承接和發揚了早期中國電影的內在精神和藝術範式，並繼續從中汲取寶貴的民族文化和歷史傳統資源以求新生。

關鍵詞：中國早期電影；舊市民電影；新市民電影；左翼電影；國防電影；新民族主義電影；

甲、對早期中國電影的認知誤區

現在是網絡時代,人們對電影的觀賞已經不再像以往那樣以電影院爲主要的獲取渠道,尤其是早期的中國電影。這裏的早期是一個廣義的早期,指的是 1949 年前出品的中國電影,亦即大眾世俗認知層面的「民國電影」。最近十幾年來,中國大陸民眾尤其是年青一代對待這些影片,尤其是一些著名的早期電影,譬如 1930 年代的《十字街頭》、《馬路天使》,1940 年代的《一江春水向東流》、《小城之春》等等,很多都是從網絡上觀看並獲取相關歷史信息的。稍微留心一下就會發現,網上對這些電影的學術界定,或曰形態劃分可謂是五花八門。

圖片說明:《勞工之愛情》(又名《擲果緣》,故事片,黑白,無聲),明星影片公司 1922 年出品。編劇:鄭正秋;導演:張石川;攝影:張偉濤;主演:鄭鷓鴣、余瑛、鄭正秋。

圖片說明:《兒子英雄》(又名《怕老婆》,故事片,黑白,無聲),上海長城畫片公司 1929 年出品。編劇:陳趾青;導演:楊小仲;主演:張哲德、劉繼群、許靜珍、洪警鈴、高威廉。

　　譬如僅就《十字街頭》和《馬路天使》而言，有的說這是「左翼電影」，有的說是「國防電影」，還有的說是「抗日電影」，貌似更多的說法，是「優秀影片」或者「進步影片」。對於一般觀眾來說，這樣的表達或者這樣的信息提供可能就足夠了，或者說知道這是中國1949年以前的老電影就可以了。但是對於中國電影歷史的研究者，以及對中國電影歷史稍有興趣思考和有深度信息需求的專業院校學生來說，這樣的現象就不能令人滿意，或者說是令人擔憂的〔註1〕。

圖片說明：《馬路天使》既不是左翼電影也不是國防電影，更不是所謂抗日電影，它屬於左翼電影誕生（1932）一年後（1933）出現的新市民電影形態，其特徵之一就是有條件地抽取和借助左翼電影的思想元素以獲取更大的市場份額。

　　原因很簡單，歷史上的電影難道只有優秀的或進步的電影存在麼？僅僅用那些「優秀的電影」或「進步的電影」這樣的稱謂，能反映和說明中國早期電影歷史的真實風貌嗎？進一步說，僅僅是左翼的、國防的、抗日的（電

〔註 1〕 我把《十字街頭》和《馬路天使》歸入新市民電影序列，對這兩部影片的具體論述，祈詳見本書第十一章：《〈十字街頭〉（1937年）——「蟻族」的生活寫照》、第十二章：《〈馬路天使〉（1937年）——左翼—國防電影背景下的經典》。至於《一江春水向東流》和《小城之春》，我將其分別劃為新市民電影和新民族主義電影序列，具體的文本分析和論證已完成但尚未發表，敬請關注為盼。

影），就能夠概括和表達早期電影的真實面目麼？僅就 1949 年之前的中國電影歷史而言，如果從 1905 年算起，也有 45 年之久。現存的、目前公眾可以看到的這一時期的電影，至少有 100 部左右；其中，1938 年之前的影片約占一半左右。如果把這些影片劃分為進步的或優秀的，那麼，就應該還有不優秀的、不進步的。對不？

　　從常識上來說，這種劃分標準早已過時並逐漸為公眾所漠視甚至拋棄。問題是，那些不優秀的、不進步的影片，其本身的存在是不能忽視的。那麼，如何看待、劃分、觀賞，乃至借鑒這些影片，顯然就不僅僅是一個理論問題，事實上它是一個可以操作的實踐性問題。這個可操作的層面包括給觀眾提供直接有效的指導理念，首先是感性的認識中國早期電影歷史的原始風貌，其次是從中梳理出可以用之指導當下中國電影創作的和電影研究的思路。換言之，對早期中國電影的歷史性認知，對於專業研究者來說，既是責無旁貸的，也是必須有所作為的。

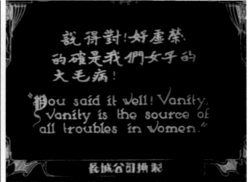

圖片說明：《一串珍珠》（根據莫泊桑小說《項鏈》改編，故事片，黑白，無聲），長城畫片公司 1925 年出品。編劇：侯曜；導演：李澤源；主演：雷夏電、劉漢鈞、翟綺綺、劉繼群、蔡毓飛。

乙、外國電影的歷史性進入和對中國電影歷史的影響不容忽略

　　從理論上說，普通大眾都能感知到的現象和問題，實際上就已經涉及到了中國電影歷史理論研究的基本思路問題。譬如 2011 年敝校電影學專業碩士研究生的入學考試題目當中，有一道史論方向的必答題（60 分），曰：「中國電影在一百年來的歷史形成與發展過程中，大部分時間都或多或少地受到外國電影或大或小、或深或淺的影響，請試從諸方面申論之」。對這個題目，大部分考生都會想到美國電影和蘇聯電影的影響。

　　就美國電影而言，由於第一次世界大戰的爆發，從 1916 年開始，中國的電影膠片進口從依賴德國轉到美國，一直到 1949 年，美國電影對中國電影的影響既是巨大的、直接的，又是全方面的、多層次的，從電影市場的大幅度覆蓋、製片公司的經營模式，到電影生產的類型化乃至對表演風格（譬如卓別林）的模仿借鑒，都是客觀存在、有目共睹的：僅 1933 年和 1934 年，美國影片的比例就占輸入的外國長故事片的 73.4% 和 84.8%[1] P161。就蘇聯電影而言，早在 1930 年代中後期，列寧對於電影宣傳作用的指示，以及《列寧在十月》等影片，就已經進入共產黨的特區中心延安[1] P360。顯然，蘇聯電影對 1949 年後取得全國政權的中國共產黨的電影宣傳政策和電影生產，始終起著重要的指導性作用。具體地說，從 1949 年以後一直到 1970 年代文革時期，中國大陸的電影基本上是斯大林時期蘇聯電影模式的中國版，譬如黨領導下的武裝鬥爭模式、政治委員模式等等〔註2〕。

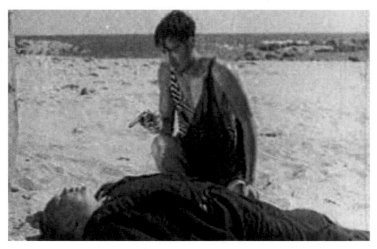

圖片說明：聯華影業公司年 1936 年出品的《浪淘沙》是最偉大的國防電影，它超越了時代也超出了後來研究者們的認知水準。吳永剛的這部傑作和一年後費穆的《春閨斷夢——無言之劇》一樣，彪炳史冊。

〔註2〕 我將 1949 年後進入中國大陸並產生重大社會影響的幾十部蘇聯逐一做了個案分析，其中，對《夏伯陽》的分析，曾以《從〈夏伯陽〉看蘇聯早期電影對中國電影的影響》為題，發表於 2010 年第 4 期《汕頭大學學報》，對《列寧在十月》的分析，曾以《〈列寧在十月〉的政治性傳播與世俗化影響》為題，發表於 2013 年第 10 期《學術界》。後一篇文章與嚴玲共同署名，其未刪節圖文版收入拙著：《黑乳罩：1949 年後外國電影在中國大陸的文化傳播和世俗影響》（臺灣花木蘭文化出版社 2015 年版），敬請參閱批判。

　　然而，在 1949 年以前的中國早期電影歷史當中，還有一個國家的電影不
僅對中國電影產生了巨大的影響，而且還爲 1949 年以後新中國的電影生產、
藝術創作，乃至人員培訓上做出過歷史性的、持續性的多方面貢獻，這就是
日本電影。一般人們都知道，日本在中國的軍事存在和武裝侵略，是從 1931
年的「九・一八事變」前後開始，持續至 1945 年 8 月戰敗投降。但被忽略或
者說從意識形態層面被有意屏蔽的事實是，日本電影及其背後的日本文化不
僅對中國電影影響甚巨，而且從時間上來說，這種影響的時長實際上是超出
上述那個年限的長度的。

　　換言之，在 1937 年抗戰爆發之前，日本文化在中國東北（僞「滿洲國」）
不僅存在，而且成爲日本軍事存在的重要組成部分。1937 年，日本在長春成立
了「滿洲映畫協會」即「滿映」，之後在整個侵華時期的八年間生產了數百部的
電影 [1] P114。隨著侵華戰爭的進一步擴大，日本扶持的南京汪精衛政府，其先
後成立的中華聯合製片股份有限公司（「中聯」）和中華電影聯合股份公司（「華
影」），也生產了一百多部影片 [1] P115~116。「滿映」、「中聯」和「華影」拍攝的
幾百部影片，除了那些赤裸裸的宣傳、美化侵略的新聞紀錄片外，都應該被看
作是中國本土電影，也就是國產電影，尤其是「中聯」和「華影」的電影生產
和製作，更是應該被如此看待，並將其視爲中國電影的一個重要組成部分。

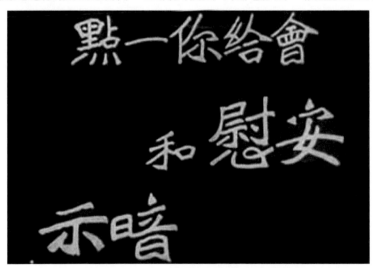

圖片說明：《十字街頭》也不是左翼電影而是新市民電影，
它的「預告」字幕清楚地表明了影片的主旨。因爲，左翼電
影一向持激進的社會批判立場，傳達給觀眾的不是安慰，而
是徹底地否定和抨擊當下現實。

此外，抗戰勝利後，許多在「滿映」工作過的日方技術工作人員，一直在爲中國電影的生產效力，更不用說還有大批由「滿映」培養的演員依然從事表演事業。譬如新中國成立之前，由「滿映」轉化而來的東北電影製片廠（「東影」），其技術骨乾和生產工藝流程都一直是由日方人員擔任並負責培訓指導[2]。實際上，日本電影對中國電影的影響並不局限於早期的中國電影歷史。1949年後，日本電影依然被中國大陸譯製公映，雖然數量不多但從未禁絕；即使是「文革」期間，亦有相當一部分以「內參片」的形式被譯製、引進並產生很大社會影響，譬如《山本五十六》、《軍閥》、《啊，海軍》等。1970年代末期中國大陸改革開放後，日本電影更是蜂擁而入，不僅對中國大陸的電影生產產生強烈的觀念化的衝擊，更對普通民眾的觀影心理產生了巨大的影響和衝擊並延續至今，生成強烈的文化影響和世俗效應[註3]。因此，討論一百多年來外國電影對中國電影的影響，顯然不能忽略日本電影。而對它的切入點、生長點、發生效應的歷史時期，以及理論研究，顯然應該追溯到中國電影歷史的早期階段和客觀存在。

圖片說明：《海角詩人》（故事片，黑白，無聲），民新影片公司1927年出品。
編劇、導演：侯曜；主演：侯曜、林楚楚、李旦旦。

丙、爲什麼說1930年代是中國電影的黃金時代？

對早期中國電影的研究，其實並不僅僅是具有理論研究價值和意義，實際上，它對當下的中國大陸電影製作有著直接的指導意義和借鑒價值。這是因爲，首先，一百年來的中國電影歷史的發展，儘管經歷了抗日戰爭和1949

[註3] 對這一問題的深入討論和個案分析，祈參見拙作：《日本電影的心理衝擊及其刪節考量——以1978年譯製的〈追捕〉（1976）爲例》（載2014年第6期《汕頭大學學報》），本文的未刪節圖文版收入《黑乳罩：1949年後外國電影在中國大陸的文化傳播和世俗影響》，敬請參閱。

年「兩岸三地」的地緣政治的變化，但不能否認的是，中國電影是一個整體
性的概念，而這個整體性概念的立足點和出發點就在於中國早期電影歷史。
其次，早期中國電影歷史又可以分爲更爲狹義的早期，從 1905 年中國電影誕
生到 1930 年代早期，即「九‧一八事變」爆發前後。這一時期的中國電影，
主要是受到本土戲劇的民族化規範和外國電影的整體性影響。

因此，檢索 1932 年前國產影片就會發現，戲劇化的表演風格和對外國電
影的模仿借鑒乃至套用所在多見。而從「九‧一八事變」到 1937 年 7 月抗戰
全面爆發，這是史有定論的中國電影的黃金時代。所謂的黃金時代首先意味
著中國電影的主體意識已然確立和成熟，其次是呈現出多元共存的繁榮氣
象，進而形成相互競爭又相互制約、平衡的歷史性格局。

圖片説明：新民族主義電影是與左翼電影、新市民電影同時
出現的新電影，但它既反對前者激進的社會革命立場和階級
鬥爭理念，也與後者注重視聽審美和偏向世俗文化消費的市
場策略迥異，《天倫》（1935）就是如此。

說到這裏，可以回到我最初提到的問題，那就是中國的早期電影，除了
有人們熟知的、已然被研究者歸類了的左翼電影、國防電影、以及軟性電影
之外，還有舊市民電影、新市民電影、新民族主義電影等形態。所謂舊市民
電影，是從 1905 年到 1931 年所有中國電影的總稱，基本上是「鴛鴦蝴蝶派」

和「禮拜六派」等小說的電子影像版。它的主題、題材主要是局限於家庭、婚姻倫理以及武俠打鬥，基本上對中國現實社會不做正面的和直接的反映和批評；所依據的文化資源是與五四新文學相對的舊文學，維護和尊重傳統的主流價值觀念[3]；觀眾主要群體構成是中下層市民，是一種低端的「市民文化」消費[4]。就現存的、公眾可以看到的影片而言，以下影片都屬於舊市民電影：《勞工之愛情》（《擲果緣》，1922）、《一串珍珠》（1925）、《西廂記》（1927）、《情海重吻》（1928）、《雪中孤雛》（1929）、《海角詩人》（1929）、《兒子英雄》（1929）、《紅俠》（1929）、《女俠白玫瑰》（1929）、《戀愛與義務》（1931）、《一翦梅》（1931）、《桃花泣血記》（1931）、《銀漢雙星》（1931）、《南國之春》（1932）等〔註4〕。

　　1932年是中國國產電影新舊時代的分水嶺，這是因為1932年出現了左翼電影。左翼電影的代表人物，首先是曾經留學美國的孫瑜，然後是曾經留學日本的田漢，以及吳永剛、袁牧之等編導，代表作品是《野玫瑰》（1932）、《火山情雪》（1932）、《天明》（1933）、《小玩意》（1933）、《母性之光》（1933）、《大路》（1934）、《神女》（1934）、《桃李劫》（1934）、《體育皇后》（1934）、《風雲兒女》（1935），以及《奮鬥》（1932）、《惡鄰》（1933）、《新女性》（1934）、《孤城烈女》（《泣殘紅》，1936）、《聯華交響曲》（1929）等〔註5〕。

〔註4〕 對這些影片具體的文本分析，均收入拙著《黑白膠片的文化時態──1922～1936年中國早期電影現存文本讀解》（上海三聯書店2009年版）。對舊市民電影和左翼電影的集中討論，其未刪節版以及新增加的影片個案討論，請分別參見拙著《黑棉襖：民國文化中的舊市民電影──1922～1931年現存中國電影文本讀解》（臺灣花木蘭文化出版社2014年9月版，「民國文化與文學」研究文叢第三編，第十二、十三冊）、《黑馬甲：民國時代的左翼電影──1932～1937年現存中國電影文本讀解》（臺灣花木蘭文化出版社2015年9月版，「民國文化與文學」研究文叢第五編第二十三、二十四冊）。對新市民電影的集中討論，請參見本書各章。其中需要特別說明的是，幾年前我也從眾將《漁光曲》視為左翼電影，後來發現自己錯了，已經將其歸於新市民電影，蓋其階級性被人性遮蓋和屏蔽；祈詳見本書第五章《〈漁光曲〉（1934年）──超階級的人性觀照》。

〔註5〕 對這些影片具體的文本分析，均收入拙著《黑白膠片的文化時態──1922～1936年中國早期電影現存文本讀解》。對舊市民電影和左翼電影的集中討論，其未刪節版以及新增加的影片個案討論，請分別參見拙著《黑棉襖：民國文化中的舊市民電影──1922～1931年現存中國電影文本讀解》、《黑馬甲：民國時代的左翼電影──1932～1937年現存中國電影文本讀解》。對新市民電影的集中討論，請參見本書各章。

圖片説明：2011 年新發現的《孔夫子》（1940）與其説填補
了費穆電影研究的空白，不如説是為新民族主義電影的存在
提供了又一個無可辯駁的實證文本，那就是它生成於戰前，
延伸並發展至抗戰時期的淪陷區。

　　從大的方面講，左翼電影是 1930 年代席捲全球的左翼文藝在電影界的
體現；它的主要特徵是階級性、暴力性、宣傳性，也就是以階級出身來區
分和塑造人物；宣揚階級鬥爭和暴力革命，挑戰主流價值，對外反抗日本
侵略，對內反抗獨裁統治；同情弱勢階層，嚴厲批判和徹底否定當時的社
會體制。左翼電影也可以被視為先鋒的、另類的、前衛的、激進的革命電
影形態。

　　在左翼電影出現一年之後的 1933 年，明星影片公司的《姊妹花》成為有
聲片時代的第一部高票房電影，這又意味著新市民電影粉墨登場、出場亮相。
新市民電影的特徵是在積極反映現實社會和庸常人生的同時，對社會現實採
取一種溫和的、相對保守的中庸立場。它既不像左翼電影那樣激進、也不像
舊市民電影那樣一味地從舊文化和舊文學當中尋求文化資源和價值依託。新
市民電影在有選擇的借助和抽取左翼電影思想元素的同時，更多地是奉行新
技術主義路線，即不惜成本地應用新出現的電影有聲技術，加大和增強歌舞
元素配置比例以拓展市場。

圖片說明：雖然因爲國防電影（運動）的興起，左翼電影中斷了其歷史進程，但卻以隔代遺傳的形式在 1949 年後的中國大陸大放異彩，其階級性、暴力性和宣傳性的時代特徵，不僅被激活放大而且趨於極致。（圖爲 1933 年出品的《小玩意》截圖）

　　但同樣是面向市場，左翼電影的歌舞音樂配置幾乎全部是其主題思想的延伸，而新市民電影的歌舞音樂配置，更多地體現了文化消費層面的視聽優勢。之所以稱之爲新市民電影，是因爲它與舊市民電影在文化和傳統層面存在著承接性的邏輯關係。即在接受新理念和新人物的同時，並不挑戰和排斥傳統的主流文化的價值觀念；在對待社會、政治問題上，更願意採取一種規避各方面風險的商業製作模式或曰保守立場。新市民電影的代表人物是張石川、鄭正秋、程步高、沈西苓等，除了《姊妹花》，其它作品計有：《脂粉市場》（1933）、《二對一》（1933）、《女兒經》（1934）、《漁光曲》（1934）、《都市風光》（1935）、《船家女》（1935）、《新舊上海》（1936）等〔註6〕，現存的、

〔註6〕對這些影片具體的文本分析，均收入拙著《黑白膠片的文化時態——1922～1936年中國早期電影現存文本讀解》。對舊市民電影和左翼電影的集中討論，其未刪節版以及新增加的影片個案討論，請分別參見拙著《黑棉襖：民國文化中的舊市民電影——1922～1931 年現存中國電影文本讀解》、《黑馬甲：民國時代的左翼電影——1932～1937 年現存中國電影文本讀解》。對新市民電影的集中討論，請參見本書各章。

公眾可以看到的幾部 1937 年出品的影片，其實大多也都屬於新市民電影，
即《壓歲錢》、《夜半歌聲》）、《十字街頭》、《馬路天使》、《如此繁華》、《王
老五》等〔註7〕。

國防電影（運動）的概念和運動肇始於 1936 年年初，從現有的影片文
本來看，它是左翼電影的升級換代版。這是因爲，國防電影（運動）將左翼
電影中的階級鬥爭和階級矛盾，提陞轉化爲民族矛盾和民族解放戰爭，宣傳
抗日救國，啓蒙民眾的現代國家觀念和民族自覺意識。國防電影運動聲勢浩
大且影響廣泛，但由於它從出現到抗日戰爭全面爆發只有一年半的時間，因
此，對它的評價比較複雜。

圖片說明：1932 年是中國早期電影新舊交替之年，但不論哪
一種形態的新電影都是從先前的舊市民電影脫胎轉化而
來。聯華影業公司出品的《南國之春》最具代表性，舊框架、
舊人物，但已經透露出新信息。

一方面，國防電影的藝術成就總的來說不及左翼電影；另一方面，根
據現有的影片分析，它的藝術成又很不平衡。前一個意思是，國防電影不
僅全面接受和整合了左翼電影的思想資源，而且繼承和放大了左翼電影在

〔註7〕對這些影片的文本分析，均已收入拙著《黑夜到來之前的中國電影──1937
年現存國產影片文本讀解》（中國廣播電視出版社 2012 年 1 月版），敬請參
閱。

以往的藝術局限，譬如《狼山喋血記》、《壯志淩雲》，以及《聯華交響曲》中的《陌生人》、《月夜小景》、《瘋人狂想曲》、《小五義》。後一個意思是說，國防電影在某些方面的成就和達到的政治、歷史和藝術高度，又遠遠地將同時代的電影拋在身後，形成無法逾越的高峰直至今日，譬如吳永剛編導的《浪淘沙》，以及《聯華交響曲》中的費穆編導的《春閨斷夢──無言之劇》〔註8〕──以前，我以爲《浪淘沙》無從歸類，將其視爲「新浪潮電影」。現在看來，這種歸類值得反省和檢討，因爲這是一部成就極高的國防電影。

除此之外，根據現存的、公眾可以看到的 1937 年抗戰全面爆發之前的影片文本分析，還有一類影片，我稱之爲新民族主義電影或曰高度疑似政府主旋律的影片。之前我用來特指聯華影業公司 1935 年出品的《天倫》和《國風》，這兩部影片體現了在羅明祐和黎民偉主導下的聯華影業公司，在民族傳統和文化理念上所持的立場與政府當局高度一致的地方〔註9〕。現在看來，單純用「新民族主義電影」來指稱更爲合適，因爲具有同樣屬性、同時也是出自「聯華」的影片還有《歸來》（1934）、《慈母曲》（1935）、《人海遺珠》（1937）和《新舊時代》（《好女兒》，1937）等。這些影片反映了以羅、黎爲代表的中國社會上層人士、尤其是知識分子在現代國家理念前提下，對本土文化和民族傳統的堅守和歷史強調。至於 1949 年後中國大陸電影史研究中大肆批判的「軟性電影」、也就是「黃色電影」，因爲至今缺乏相應的文本支撐，所有只好先行保留這樣一個名目和線索以待來茲。

〔註 8〕 對這些影片具體的文本分析，均收入拙著《黑白膠片的文化時態──1922～1936年中國早期電影現存文本讀解》。對舊市民電影和左翼電影的集中討論，其未刪節版以及新增加的影片個案討論，請分別參見拙著《黑棉襖：民國文化中的舊市民電影──1922～1931年現存中國電影文本讀解》、《黑馬甲：民國時代的左翼電影──1932～1937年現存中國電影文本讀解》。對新市民電影的集中討論，請參見本書各章。

〔註 9〕 對這些影片具體的文本分析，均收入拙著《黑白膠片的文化時態──1922～1936年中國早期電影現存文本讀解》。對舊市民電影和左翼電影的集中討論，其未刪節版以及新增加的影片個案討論，請分別參見拙著《黑棉襖：民國文化中的舊市民電影──1922～1931年現存中國電影文本讀解》、《黑馬甲：民國時代的左翼電影──1932～1937年現存中國電影文本讀解》。對新市民電影的集中討論，請參見本書各章。

圖片說明：《夜明珠》（故事片，黑白，無聲），華劇影片公司 1927 年出品。編劇：張惠民；導演：陳天：主演：張惠民、吳素馨、梁賽珍、阮聖鐸、吳素素、張雲鵬、湯劍庭。

丁、1949 年之前中國早期電影歷史的真實面貌和內在邏輯是什麼？

如前所述，在經歷了狹義的早期中國電影歷史發展即二十八年的舊市民電影時代（1905～1931）之後，1930 年代形成的中國電影多元化的共生格局，本來既是中國電影歷史的真實面貌，也應該是以後中國電影應有的歷史發展路徑。作為歷史性的現實存在，1938 年之前的中國電影，既是中國社會歷史發展的重要組成，也是中國文化和商品消費的必要構成。即使慘烈的抗日戰爭，也未能阻斷中國電影的主流形態的持續發展。

如果再擴大觀照視角就會發現，經歷了 1949 年地緣政治的歷史劇變後，中國電影在兩岸三地（大陸、臺灣、香港）的各自前行，不過是承接了 1930 年代中國電影已有的歷史發展脈絡而已。對此，這裏有必要稍微回溯一下，從 1937 年 7 月抗戰全面爆發到 1949 年，中國電影歷史的發展軌跡。

在我看來，抗戰全面爆發以後，「國統區」的電影創作幾乎是「抗戰電影」的一統天下，電影成為抗戰時期文藝的重要組成部分，其生產和消費的唯一指向就是為抗戰服務。它和戰前國防電影唯一的區別在於，它可以名正言順、旗幟鮮明的高舉反抗日本侵略的大旗，直接號召民眾投身抗戰而不必顧忌政府電影檢查機關的政策約束。但同時，抗戰期間的抗戰電影也全面繼承了由左翼電影發展而來的模式化製作，這一點已經體現在戰前的國防電影當中。需要清醒認識的問題是，抗戰期間國統區的國產電影幾乎沒有佔據多少市場消費份額。美國電影依然是電影市場的絕對主導，這種狀況在抗戰結束以後更為明顯 [1] P161～162。

圖片說明：這是 1936 年的《新舊上海》截圖。1990 年代前的香港電影無論什麼題材和類型，除了顏色，都與 1949 年前的中國電影相若：此話反過來說也同樣成立，因爲香港電影是中國早期電影的正宗傳人。

　　在淪陷區也就是日、僞統治地區（包括上海「孤島」時期），新市民電影幾乎完全佔據了國產電影市場。這是因爲，新市民電影從誕生之日起就奉行的規避政治風險的製片原則、相對溫和的社會批判態度，以及重視歌舞元素配置的技術主義路線，這使得它在淪陷區成爲敵我雙方都可以接受的製片「潛規則」，這也是以往中國電影史研究對淪陷區電影多有指責和誤讀的根本原因所在。譬如所謂「漢奸電影」的指斥，只是著眼於電影的製作體制或生產主體，但卻忽略了一個電影客觀存在的重要前提，那就是電影的文化消費及其市場屬性。

　　事實上，就抗戰期間的中國社會和中國文化而言，國家雖然被侵略，但淪陷區的中國文化從來沒有消亡，就如同像淪陷區民眾的社會存在和生活狀態一樣，始終存留並呈現出生生不已的形態。具體地說，民眾的文化生活和文化消費依然存在，正如同生產資料和生活資料始終存在並發生效用一樣。實際上，單就電影而言，淪陷區（包括上海「孤島」時期）的電影製作和消費嗎，在戰爭的狀態下呈現出「畸形」的繁榮局面。譬如，從 1942 年 5 月到 1943 年 5 月的一年內，「中聯」拍攝了 50 部電影；從 1943 年 5 月到 1945 年 8 月日本投降，

「華影」共拍攝了 80 部影片，這一百多部影片的主題題材大多都是家庭戀愛[1] P117~118。顯然，無論是戰前反侵略、反強權的左翼電影，還是宣傳民族解放戰爭的國防電影，都不可能在淪陷區（包括上海「孤島」時期）存在。

圖片說明：《雪中孤雛》（故事片，黑白，無聲），華劇影片公司 1929 年出品。
編劇及說明：周鵑紅；導演：張惠民；主演：吳素馨、韓蘭根、張惠民。

需要注意的是，在包括上海「孤島」時期在內的淪陷區，除了新市民電影，戰前就已出現的新民族主義電影還能一息尚存，並未偃旗息鼓。這是因為，無論是新市民電影還是新民族主義電影，其出現之初，或者說，其類型、屬性和出發點，從一開始就與左翼電影不盡相同、多有差異甚至是對立的。譬如新市民電影的政治保守立場，針對的就是左翼電影激進的階級鬥爭理念和社會批判立場；新民族主義電影對傳統文化和民族歷史理念的堅守，也同樣具備與左翼電影分庭抗禮的意味，就像《國風》《天倫》和《慈母曲》表現的那樣。

因此，淪陷區的電影市場生態和製作面貌，應該說是新市民電影和新民族主義電影的合流，形成的是中國電影的歷史主潮。至少，在 1941 年太平洋戰爭爆發前的上海「孤島」時期是如此。這一時期，新市民電影的代表作有「王先生」系列影片（1939）和《木蘭從軍》（1939），新民族主義電影的代表是《孔夫子》（1940）〔註10〕。這些私營公司的影片事實上起到了恢復民眾民族自信、鼓舞民眾精神鬥志的作用。它們與「中聯」、「華影」製作的影片一起，共同構成了中華文化和民族精神資源的現實力量源泉。因此，用「漢奸電影」來指稱淪陷區的電影製作，無論是何居心，都是違背歷史真實的，是不負責任的研究態度。

〔註10〕我對「王先生」系列中的《王先生吃飯難》，以及《木蘭從軍》和《孔夫子》的（1940）文本分析和論證已經完成，但尚無發表機會，敬請關注為盼。

圖片說明：《紅俠》（故事片，黑白，無聲），友聯影片公司1929年出品。導演：
文逸民；副導演：尚冠武；主演：范雪朋、文逸民、瞿一峰 、徐國輝、王楚琴、
尚冠武。

從1945年8月抗戰全面勝利到1949年兩岸三地的地緣政治格局形成，
這一時期的中國電影歷史發展，在整體上呈現出恢復戰前電影多元化格局的
努力趨勢。譬如，在1937年與國防電影共同構成國統區國產電影主流的新市
民電影，率先得到恢復並得到巨大成就，《一江春水向東流》（1947）的高票
房回報就是例證之一〔註11〕。

另一方面，新民族主義電影也初步得以恢復，並頑強凸顯其知識分子獨
立表達立場和社會批判的屬性，這就是費穆的《小城之春》（1948）。順便需
要提及的是，《小城之春》和1938年的《浪淘沙》一樣，都受到了1949年
以後中國大陸官方電影史的批評和冷落，被扣上了消極和病態的帽子〔1〕P268
~272。這種戰爭前後的影片對應潮流，反映了中國早期電影的歷史發展邏輯
和生命力：雖然歷經戰爭的摧殘，但卻自強不息，以「獨孤求敗」的姿態傲
然於世〔5〕。

〔註11〕 從1947年10月到1948年1月，《一江春水向東流》不間斷地連續上映三個
多月，觀眾達到71萬人次（《中國電影發展史》，程季華主編，第二卷，第222
頁）。在此之前，中國有聲電影史上的第一部高票房電影《姊妹花》（1933）
曾連映60天（《中國電影發展史》，程季華主編，第一卷，第239頁），第二
部高票房電影《漁光曲》（1934）的記錄是84天（《中國電影發展史》，程季
華主編，第一卷，第334頁），第三部是新華影業公司出品的「恐怖片」《夜
半歌聲》，連映34天（CCTV《見證‧影像志》http：//sports.cctv.com/program/
witness/topic/geography/C14531/20050811/102242.shtml.），而這些影片恰恰都
是新市民電影。

　　總之，1949 年之前的中國早期電影歷史，不僅呈現出歷史發展線索脈絡
分明的一致性，而且始終保持著中國本土文化的民族性，也就是中國化的電
影風貌。而這種一致性和民族性在 1949 年之後的地緣政治格局的演進中並
沒有從根本上被摧毀和放棄——雖然這摧毀和放棄程度在某個區域和時空
多少要高於抗戰時期。具體地說，1949 年後的中國大陸電影，在徹底清除「軟
性電影」、新市民電影和新民族主義電影的同時，全面繼承和發揚了左翼電
影、國防電影反強權、反侵略的精神氣質，並在意識形態的高壓掌控下激活
和放大了前者的局限性和片面性，在體現其血統淵源的同時又完成了政治基
因的隔代遺傳〔註12〕。

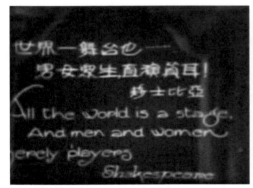

圖片說明：《一翦梅》（故事片，黑白，無聲），聯華影業公司 1931 年出品。編
劇：黃漪磋；導演：卜萬蒼；主演：金焰、林楚楚、阮玲玉、王次龍、高占非、
陳燕燕、王桂林、劉繼群、周麗麗。

戊、1949 年後兩岸三地中國電影的發展路徑和差異性在哪裏？

　　以往許多研究者一般都會認為，1970 年代的「文革」電影是 1960 年代
畸形政治生態中的畸形發展和極端模式化的結果。其實，「文革」電影的形
成基礎源自 1950 年代，而它的理論資源和話語體系，向前不僅源於 1942 年
的（延安文藝座談會）「講話」，更可以追溯到 1930 年代的左翼電影。我甚

〔註12〕 對這一問題的個案討論，請參見拙作：《〈孤城烈女〉：左翼電影在 1936 年的
　　　　 餘波回轉和傳遞》，載 2008 年第 6 期《青海師範大學學報》。這篇文章的完全
　　　　 版作為第 35 章收入《黑白膠片的文化時態——1922～1936 年中國早期電影現
　　　　 存文本讀解》（題目是：《在國防電影運動和新市民電影潮流中存留的〈孤城
　　　　 烈女〉——「泣殘紅」：1936 年左翼電影的餘波回轉與部分基因的隔代傳遞》），
　　　　 未刪節版收入《黑馬甲：民國時代的左翼電影——1932～1937 年現存中國電
　　　　 影文本讀解》，敬請參閱。

至認為，左翼電影是 1949 年後的中國大陸電影，尤其是所謂紅色經典電影的元資源；而 1970 年代末、1980 年代初，中國大陸的改革開放在電影生產上的「繁榮」體現，不過是試圖恢復中國早期電影曾經有過的歷史記憶，即試圖回歸民國電影多元共存局面不自覺的努力而已。顯然，這種努力——譬如「第五代」導演的代表作品——值得稱許，因為迄今為止的第六代導演的代表作品，其整體成就已經呈現出歷史地承接和發展早期中國電影輝煌歷史的趨勢。

1949 年以後的臺灣，在 1980 年代初期新電影出現之前，其電影生產和製作基本上是大陸電影的國民黨版，其主題思想、題材選擇、人物模式乃至生產消費模式等，都與內地的黨化規範、中央集權嚴密掌控和政教宣傳鼓舞人民、教育民眾等中國特色相映成趣。1980 年代及其以後臺灣電影的新面貌、新發展，顯然不僅僅是島內文化和社會生態良性發展的簡單結果，而應被看作是中國早期電影，尤其是 1930 年代電影多元化風貌的繼承、承接所導致的海外復興。

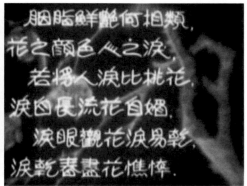

圖片說明：《桃花泣血記》，（故事片，黑白，無聲），聯華影業公司 1931 年出品。編劇、導演：卜萬蒼；主演：金焰、阮玲玉、李時苑、王桂林、周麗麗、黎豔珠、韓蘭根、劉繼群、黃筠貞。

令人深思的是，與同時期的內地的「新時期電影」相比，復興後的臺灣電影，雖然對歷史文化硬資源的佔有遠不及大陸豐厚，但卻更具有民族化的優勢和中國化的本質特色，也就是更具備原生態的現代中國民族特質。因此，新市民電影和新民族主義電影多少能夠在黨營電影的籠罩下、在西方電影尤其是美國電影的幫襯下，比內地電影更早、更及時地獲取一定程度的生存和發展空間。譬如 1970 年代的瓊瑤「言情片」，就可以看作是當年舊市民電影

的彩色版，它為新市民電影和新民族主義電影在新時空的全面復興提供了文
化生態基礎。因此，海峽兩岸的電影發展乃至復興，雖然都經歷了一個從政
教電影向新市民電影、新民族主義電影，乃至新左翼電影艱難回歸、過渡的
歷史性艱難跋涉階段，但各自的歷史底蘊和文化傳統卻從根本上顯得同中有
異，甚或相距遙遠。

圖片說明：《銀漢雙星》（故事片，黑白，無聲），聯華影業公司 1931 年出品。
原著：張恨水；編劇：朱石麟；導演：史東山；主演：金焰、紫羅蘭、高占非、
葉娟娟、陳燕燕、劉繼群、宗惟賡。

　　1949 年以後的香港電影，直到 1990 年代末，之所以一直能夠在海內外
產生巨大的區域性和國際性影響，一個重要的原因就是因為它完整地、徹
底地、全面地繼承 1930 年代中國早期電影的民族文化內核、多元共存要素
和電影本體意識。換言之，在一定程度上說，1949 年後的香港電影，其實
是中國早期電影或者說民國電影的正宗傳人。譬如，香港電影業面對的政
治壓力和生存狀態，其實與當年租界工部局對上海電影也就是中國電影的
掌控力度不相上下，即相對寬鬆自由的政治和社會倫理底線。事實上，香
港電影幾十年來更多地繼承了漢民族文化的內在品質和本土化的藝術表現
模式。

　　再具體地說，1949 年之前即早期中國電影史上的舊市民電影、左翼電
影、新市民電影、新民族主義電影乃至軟性電影，都可以在 1949 年後的香
港電影當中找到對應的形態和具體片例。譬如香港的武俠電影，實際上就是
將舊市民電影時代的武俠片範式和新市民電影的文化精神在新時空裏重新
組裝借殼上市的產物。只不過，這個過程和成就的取得，所付出的文化成本
和海峽兩岸一樣，也是頗為巨大的。這是因為，香港電影賴以生存和依據的

文化資源，先後經歷了由中原文化向移民文化，再向香港本土文化漂移轉換的過程。個中辛苦，外人很難體味。

圖片說明：《銀幕艷史》（故事片，黑白，無聲），明星影片公司 1931 年出品。
導演：程步高；說明：鄭正秋；主演：宣景琳、夏佩珍、王徵信。

己、中國早期電影歷史研究的歷史價值和現實意義何在？

讀書人都知道「溫故知新」的典故，但很多人都把側重點放在「溫習中得出新體會」的一面。這對少年人來說比較適合，成年人卻不能這般無趣。這是因爲，「溫故知新」的本義，應該側重於「從舊東西中發現新意境」的一面來。西諺云：If you want something new, just read old books; If you want something old, just read new ones.說的正是此義。這種理解的源頭，其實源自《聖經》裏的話，曰：「日光之下無新事」。我總以爲，古希臘時期和先秦時代的中外先賢，其實都本著這樣一種類似的世界觀來看待人生和歷史並指導當下生活的。

電影藝術誕生了一百多年，除了表現上的技術方式與其它藝術有不同外，很難說它有什麼新東西。就其內部而言，現如今每年都有成千上萬的新電影出現，但誰都知道，好的電影少之又少。不是藝術家不努力，而是好電影其實大部分已經拍完。中國電影雖說在 1949 年後一分爲三，但兩岸三地的電影潮流與發展，其實均來自早年民國時代的電影精神和文化理念。1949 年後所謂的新電影，除了時代特色，骨子裏其實並無新義。因此，1949 年前的中國早期電影，實際上是一座文化寶庫和精神礦藏，這裏面新玩藝和新情趣，實在是所在多見，值得人們一再探索發現。

圖片說明：《南國之春》，（故事片，黑白，無聲），聯華影業公司 1932 年出品。
編劇、導演：蔡楚生；主演：高占非、陳燕燕、葉娟娟、劉繼群、宗惟賡、陳
少英、蔣君超、李紅紅。

　　也許有人會說，你說得這般熱鬧，把些個案這般讀解、那樣歸類的，或許
對中國早期電影適用，也或許，對三十年前的老電影有用，但新電影呢？譬如
對時下二十一世紀的中國大陸的新電影是否也合用？說實話，這樣的問題我也
一直在想，直到現在還未停止。因為，我一直信奉這樣的治學原則：如果學術
研究於現實人生無用，於當下社會生活無關，那麼不做也罷。正因為有著這樣
的研究意識，所以我使用這些從中國早期電影歷史文本研究中得出的結論，嘗
試著讀解、歸納和總結 2000 年以來的中國大陸電影，結果發現實證多多。

　　譬如，第六代導演的作品，大是具備當年左翼電影反主流的價值觀念，
以及同情弱勢階層和邊緣人群、反抗強權勢力的基本品質，譬如《鬼子來了》
（2000）、《安陽嬰兒》（2001）、《任逍遙》（2002）、《盲井》（2003）、《日日
夜夜》（2004）、《孔雀》（2005）、《江城夏日》（2006）、《太陽照常升起》（2007）、
《立春》（2009）、《鋼的琴》（2011）等，（以及 2013 年的《天注定》），我都
將其視為「新左翼電影」；與此同時，被研究者奉為圭臬的第五代導演的代
表作品，其實多是 1949 年後意識形態掌控下主流敘事的另類補充，其強調
視聽語言和唯美畫面的藝術特徵和刻意保持的、溫和的社會批判立場，幾乎
就是當年新市民電影的路數翻版，譬如《天下無賊》（2004）、《瘋狂的石頭》
（2006）、《三槍拍案驚奇》（2009）、《讓子彈飛》（2010）等，（以及 2013 年
的《私人訂製》、2014 年的《一步之遙》、2015 年的《老炮》）。我對這些實
證文本的個案讀解，大部分都已經收入《新世紀中國電影讀片報告》（中國
傳媒大學出版社 2014 年 1 月版，見下圖），讀者可以審讀批判。

圖片說明：此書原名爲《黑旗袍：新世紀中國電影讀片報告（節選版）》，但出版社的審查委員會認爲，這樣的書名涉嫌色情與暴力，遂勒令修改；另外，書中諸多稱謂、字句、段落乃至插圖，亦被修改或刪除。

　　歷史是由細節構成的，而細節從來都是具體的、形象的、具有頑強生命力的，對於中國電影及其歷史的認知也是如此。顯然，對中國電影歷史的研究，僅僅靠「理論」指導下的文字堆砌組合成是不行的，行不通的。值得慶幸的是，對中國早期電影歷史的認知和梳理，研究者可以借助現存的影像文本進行實證讀解，在借助文本回歸現場、復原現場、激活歷史語境的基礎上，還可以將其轉化爲可以再利用的歷史傳統和文化資源，並以個案研討的方式給予重新發掘、整理、歸納。這種研究方式從不是新的，因爲世界上從來不存在完全新的東西，文藝觀念是如此，文藝作品是如此，電影研究更是如此。技術有新舊，色彩有黑白，但早期電影歷史卻正是歷久彌新。

　　中國早期電影歷史的實證研究之所以值得一再強調，是因爲其歷史價值和現實意義重大——理論本身梳理的必然性和所謂類型劃分、或者概念重組的重要性倒在其次。中國早期電影歷史實證研究的歷史價值在於，它能夠幫助人們真切感知和全面體認中國電影，尤其是民國時代的中國文化、中國社會的歷史發展進程和原生態風貌。中國早期電影歷史實證研究的現實意義在於，它既能夠對 1949 年前的中國電影生產和文化表述提供真實的、準確的和直接有效的讀解途徑和解決方法，也可以用以表述和把握一百多年來中國電影歷史的發展脈絡和未來走向。說得再具體一些就是，研究中國早期電影的歷史價值和現實意義的重疊交集之處，就是既能夠顯現出中國電影的歷史印記，也能夠用以指導當下的中國電影創作和市場分析，進而幫助人們走出

誤區、回歸正道〔註 13〕。

初稿時間：2011 年 3 月 7 日

二～三稿：2013 年 3 月 18 日～5 月 23 日

四稿修訂：2015 年 7 月 27～8 月 3 日

圖片說明：《黑棉襖：民國文化中的舊市民電影──1922～1931 年現存中國電影文本讀解》（上下冊），臺灣花木蘭文化出版社 2014 年 9 月版，「民國文化與文學研究文叢」第三編，第十一、十二冊。

〔註 13〕 本文題目中的「有幾分證據，說幾分話」，語出胡適 1946 年 3 月 7 日《致劉修業信》。除了戊、己、之外，本文甲、乙、丙、丁、的文字部分約 6800 字，以及排在前面的 6 幅單幀圖片（及其圖片說明），最初以《讀解文本：中國早期電影的實證研究與影史重建》為題，先行發表於 2013 年第 8 期《影視文化》（北京中國藝術研究院主辦，中國電影出版社 2013 年 6 月版，第 111～117 頁）。但發表時，不僅將圖片下面標為黑體的注釋文字刪除，大多數注釋也未能幸免，正文中的段落、字句等刪改更多。2015 年 9 月，作為《引論》收入拙著《黑馬甲：民國時代的左翼電影──1932～1937 年現存中國電影文本讀解》時，即全部恢復原始稿面貌，並用黑體字型逐一標出被刪除和被刪改的段落字句。基於對中國電影、尤其是民國電影歷史的整體性理論考量，以及應該及時向讀者報告自己新思考和新想法的負責態度，故再次收入本書以為《導論》。為方便讀者閱讀，沒有再用黑體字標注雜誌版的刪節之處，但為各小節新增了標題，且論點論據多有修訂，祈讀者諸君對照鑒別。特此申明。

參考文獻：

〔1〕程季華，中國電影發展史：第2卷〔M〕，北京：中國電影出版社，1963。

〔2〕中國電影人口述歷史系列——畢澤普訪談錄〔J〕，北京：當代電影，2010
（11）：88～92。

〔3〕袁慶豐，中國現代文學和早期中國電影的文化關聯——以 1922～1936
年國產電影爲例〔J〕，中國現代文學研究叢刊，2010（4）：13～26。

〔4〕范伯群，「電戲」的最初輸入與中國早期影壇——爲中國電影百年紀念
而作〔J〕，江蘇大學學報，2005（5）：1～7。

〔5〕袁慶豐，1922～1936年中國國產電影之流變——以現存的、公衆可以看
到的文本作爲實證支撐〔J〕，學術界，2009（5）：245～253。

Introduction：How to View and Analyze 100-year History and Development of Chinese Films

Abstract：Early Chinese films, before 1932 new films, are all Traditional Chinese Films. New films, before July 1937—anti-Japanese war, include Left-wing Films, New Citizen Films, Neo-nationalism Films, and National Defense Films derived from Left-wing Films. During anti-Japanese war, National Defense Films, as an important art form serving anti-Japanese war, dominated film markets in Chinese-control areas. In Japanese-control areas, New Citizen Films and Neo-nationalism Films survived and grew up. After 1945 victory, New Citizen Films and Neo-nationalism Films recovered completely. After 1949, mainland, Taiwan, and Hong Kong evolved into different film modes. Before late 1990s, the mainstream of Hong Kong films inherited styles from early Chinese films—films of Republic of China. Taiwan in early 1980s and mainland in late 1990s, also returned to the film style of Republic of China. Around 2000, Chinese films kept different characteristics, but generally they inherited and developed the inner spirit and art paradigm from early Chinese films, and continued to progress by absorbing precious national culture and historical resources.

Keywords：early Chinese film; Traditional Chinese Film; New Citizen Film; Left-wing Film; National Defense Film; Neo-nationalism Film;

圖片說明：《黑馬甲：民國時代的左翼電影——1932～1937 年現存中國電影文本讀解》（上下冊），臺灣花木蘭文化出版社 2015 年 9 月版，「民國文化與文學研究文叢」第五編，第二十三、二十四冊。

第壹章 《脂粉市場》(1933 年)——
新技術、新路線、新思想，舊觀念

閱讀指要：

    明星影片公司對 1930 年代初期中國電影的貢獻，是在左翼電影興起並成為主流電影之時，在及時借助左翼文藝元素、整合舊市民電影製作傳統與審美模式的基礎上，發展出具有強大庸俗力量的新市民電影類型：《脂粉市場》既為同一年新市民電影的代表作《姊妹花》提供了藝術和市場的製作實踐，又為中國電影類型的豐富提供了文本基石。雖然《脂粉市場》的結局有問題，但是它給你一個很淺顯的、很直觀的人生教導和啓蒙，或者說給你提供一個人生經驗借鑒。如果說舊市民電影和左翼電影是分別各執一端，那麼，新市民電影就是有意識地站在中間。它的語言也有特別之處，既不同於舊市民電影半文不白的本土色彩，也和一些左翼電影的義正辭嚴迥異。

關鍵詞：有聲電影；左翼元素；新市民電影；平面化制約；哲理深度；

專業鏈接 1：《脂粉市場》（故事片，黑白，有聲），明星影片公司 1933 年出品。
　　　　　　VCD（雙碟），時長：82 分 48 秒。
　　　　　　〉〉〉**編劇**：丁謙平【夏衍】；**導演**：張石川；**攝影**：董克毅。
　　　　　　〉〉〉**主演**：胡蝶、龔稼農、嚴月閒、王獻齋、孫敏。

專業鏈接 2：原片片頭字幕及演職員表字幕（標點符號爲錄入者添加）

　　　全部對白四達通有聲影片。

　　　《脂粉市場》。

　　　明星影片公司攝製。

　　　導演：張石川；攝影：董克毅；編劇：丁謙平。

　　　收音：何兆璋、司徒敏慧、趙茂生；對白：蔡叔聲；置景：董天涯。

　　　演員表：

　　　　　　　李翠芬⋯⋯胡　蝶，

　　　　　　　錢國華⋯⋯龔稼農，

　　　　　　　姚雪芳⋯⋯嚴月閒，

　　　　　　　林監督⋯⋯王獻齋，

　　　　　　　張有濟⋯⋯孫　敏，

　　　　　　　楊小姐⋯⋯胡　萍，

　　　　　　　王瑞蘭⋯⋯艾　霞，

　　　　　　　李銘義⋯⋯王夢石，

　　　　　　　李　母⋯⋯高逸安，

　　　　　　　李　妻⋯⋯王以吳，

　　　　　　　二房東⋯⋯柳金玉，

　　　　　　　□□□⋯⋯□□□。

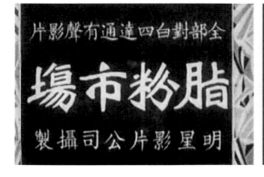

專業鏈接 3：鏡頭統計

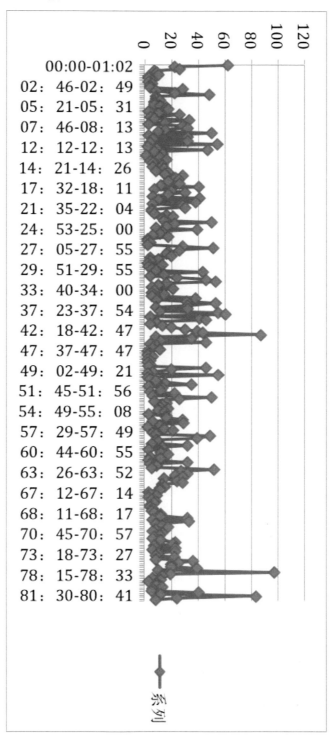

說明：《脂粉市場》全片時長 82 分 48 秒，共 290 個鏡頭。其中：

甲、小於和等於 5 秒的鏡頭 63 個，大於 5 秒、小於和等於 10 秒的鏡頭 68 個，大於 10 秒、小於和等於 15 秒的鏡頭 48 個，大於 15 秒、小於和等於 20 秒的鏡頭 25 個，大於 20 秒、小於和等於 25 秒的鏡頭 19 個，大於 25 秒、小於和等於 30 秒的鏡頭 18 個，大於 30 秒、小於和等於 35 秒的鏡頭 14 個，大於 35 秒、小於和等於 40 秒的鏡頭 9 個，大於 40 秒、小於和等於 45 秒的鏡頭 4 個，大於 45 秒的鏡頭 22 個。

乙、片頭鏡頭 1 個，片尾鏡頭 1 個；字幕鏡頭 15 個，其中交代劇情的鏡頭 15 個，交代人物鏡頭 0 個；對話鏡頭 108 個。

丙、固定鏡頭 245 個，運動鏡頭 28 個。

丁、遠景鏡頭 16 個，全景鏡頭 55 個，中景鏡頭 81 個，近景鏡頭 86 個，特寫鏡頭 32 個。

（圖表製作與數據統計：姜菲）

專業鏈結 4：影片經典臺詞

「恭喜您吶，經理的少爺看上了你了……」——「這麼點事也值得吃醋嗎？你也太傻了。你又不是我的愛人，我又不是你的妻子」。

「李小姐你怎麼說這種話呢？像你這樣不依靠人的新女子，應當有交際自由才對呀」——「可是這種自由我現在還不需要呢。Good Night」。

「獨佔？真是笑話！我又不是一盒香粉、一條口紅。誰也不能獨佔誰，誰也不願意給誰獨佔。這一點最普通的，現代人的 Fare Play，你都不知道嗎……天下可愛的、有錢的男人多得很呢！」

「你把我當成什麼人？我是清清白白的良家女子！」——「這個，咱們誰不是清清白白的良家男子呢？」

「你真要走，那你明天就不必到公司去了！」──「好，不去就不去好了。誰稀罕。我是拿勞動力來換金錢的，不能給你們這麼樣欺負！你這麼說，我明天就不幹！」

「你不能說這樣的話！求生活不一定是要受人家欺負的；充滿侮辱的生活，我是受不了！」

「悲觀，也沒有用，消極，更不是辦法！人生的路，本來是很艱苦的」──「可是，這未免使得我太失望了！女子職業，原來就是這麼一回事」──「李小姐，你別傻了，什麼女子職業，男女平等，在現在的這種社會，根本就是騙人的話。戀愛嘛，就更不用說了，那完全是建立在金錢的上面的！李小姐，你要勇敢一點，要積極地去認識社會的缺點。你瞧，冬天已經過了，將來的世界一定是光明的」。

「好，我明白了，一切我都明白了。我絕不信，除了受你們的侮辱之外，女人就會沒有生路的……瞧著吧，你們的末日快到了！」

「翠芬，我已經懺悔了，請你原諒我吧」──「國華，別說了，你也不必懺悔，我也不必原諒。我還得感謝你呢！是你叫我知道了戀愛，知道了人生。怎麼了，你哭了嗎？太傻了。再見，我們一樣還是朋友啊！」

專業鏈結 5：影片觀賞推薦指數：★★☆☆☆

甲、前面的話

1926 年，美國華納兄弟公司首次嘗試拍攝有聲電影，年底，有聲影片和技術設備進入中國市場 [1] P156；1929 年，上海各首輪影院先後使用美式裝備改裝放映系統 [1] P157。有聲電影的放映，需要龐大的資金改造影院放映系統，聯華影業公司由於旗下影院數量眾多，因此堅持走無聲片製作的老路，天一

影片公司想要鞏固自己以南洋爲主的放映網，所以積極採納新技術，對此，明星影片公司的態度則相對中間 [1] P158～159。即便如此，「明星」公司還是在 1930 年，投資 12 萬、耗時 6 個月拍攝《歌女紅牡丹》，成爲中國首批出品蠟盤發音影片的製片公司之一 [1] P162；1931 年，「明星」公司從美國購買有聲器材設備、聘請美國製片人和技師 15 人的團隊，於同年年底拍攝片上發音片《舊時京華》[1] P166。

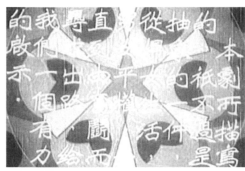

這些情況比較有趣：作爲製作舊市民電影的老牌公司，「明星」和「天一」比以製作新電影聞名的「聯華」在新技術接納和引進上的態度更積極。現在公眾能看到的 1933 年出品的電影只有 6 個，其中屬於「明星」公司的佔了一半，而且全是有聲片，即《春蠶》、《脂粉市場》和《姊妹花》，「聯華」公司的《母性之光》、《天明》，以及月明影片公司的《惡鄰》則都是無聲片〔註 1〕。

在對待有聲電影的問題上，三大製片公司的高層更多地是從企業經營和市場角度去考量的 [1] P158。「明星」公司相對特殊的一點在於，作爲老牌電影公司，它在影片內容方面對市場的迎合和適應、改革和創新又受到舊市民電影製作傳統的制約，因此在思想領域和意識形態層面相對保守。而「聯華」公司作爲 1930 年才「出道」的新秀，就沒有太多的歷史負擔，（因此，在 1930 年代的新電影製作浪潮中，「聯華」公司能夠引領時代潮流，成爲左翼電影和後來「國防電影」的製作中堅力量之一）。

〔註 1〕2012 年 10 月 15 日～16 日，（北京）中國電影藝術研究中心、（北京）中國電影資料館在昌平聯合舉辦「中國早期電影學術論壇」，會議期間爲參會人員放映了一部明星影片公司 1933 年出品的有聲片《二對一》（殘片）。這部影片我將其歸入新市民電影序列，對它的的具體討論，請參見本書第三章。另外，根據資料介紹，《母性之光》似乎是有聲片，因爲影片中有轟耳專門譜寫的歌曲（參見《中國電影發展史》第 1 卷，程季華主編，中國電影出版社 1963 年版，第 262～265 頁），但市面上發行的 VCD 版本卻是完全無聲片，特提請注意並就教於方家。

「明星」公司在1930年代初期的貢獻，是在左翼電影興盛並形成主流之時，在及時借助左翼文藝元素、整合舊市民電影製作傳統與審美模式的基礎上，發展出具有強大庸俗力量的新市民電影類型：《脂粉市場》與同一年的《姊妹花》，既為新市民電影的類型化生產提供了藝術和市場的成功樣本，又為中國電影的高峰提供了豐富的文本基石。

乙、以技術優勢為基礎、以成熟的藝術手法開拓新電影市場的製片導向

從1932年開始，明星影片公司聘請了一些著名的左翼文藝人士，擔任公司編劇顧問和編劇委員會成員；為了規避政治風險，這些左翼文藝人士不公開出面而是以化名參加創作[1] P201~202，譬如，1933年拍攝的《脂粉市場》，片頭字幕中的所謂丁謙平（編劇）、蔡叔生（對白），其實都是夏衍的化名[1] P228。在影片製作和新技術的應用上，「明星」公司也是下了工夫、花了大錢的，所以《脂粉市場》的片頭就有「全部對白四達通有聲影片」的廣告：所有這些努力自然都是指向票房回報。

現在看來，這些技術手段已經無足輕重；《脂粉市場》的價值，更多地體現對舊市民電影的製作傳統、藝術經驗，及其成熟運用的繼承發揚。和「明星」公司同年出品的《春蠶》通篇西洋名曲配樂不同，《脂粉市場》的導演張石川充分發揮本土音樂優勢，主旋律使用的是一般民眾熟悉的廣東地方音樂，奠定了影片的喜劇基調，具有新市民電影的藝術審美特色，並在最大程度地沖淡了編劇所賦予的左翼色彩及其理念訴求——正是這種色彩及其理念訴求，使得早期左翼電影《春蠶》的主題敘事過於沉重，壓抑了藝術敘事功能的正常發揮［註2］。

［註2］ 對這一問題的具體討論，祈參見拙作：《電影〈春蠶〉：左翼文學與國產電影市場的結晶》（《徐州師範大學學報》2010年第4期），這篇文章的完全版和未刪節版分別收入《黑白膠片的文化時態——1922～1936年中國早期電影現存

　　《脂粉市場》整體上採用類似章回小說的格式，譬如，不厭其煩地用十三段字幕過渡情節：

　　　　（字幕）1：一個忠實的收帳員爲職犧牲。

　　　　（字幕）2：不生產的她們，怎樣維持這無窮的歲月。

　　　　（字幕）3：有姿色有風頭的女店員，往往會被一班「醉翁之意
　　　　　　　　　不在酒」的男主顧包圍。至於公司的重要職員，更
　　　　　　　　　領會「權利不外溢」的意旨，不肯輕易放過。

　　　　（字幕）4：出乎意外的遷調，翠芬的確不能瞭解監督的用意。

　　　　（字幕）5：失之東隅，收之桑榆。

　　　　（字幕）6：茫茫人海，情意相投，方成知己。

　　　　（字幕）7：陪經理少爺戲謔，是林監督胡調之外特殊的職務。

　　　　（字幕）8：滿腔怨憤，惟對知己才足一吐。

　　　　（字幕）9：翠芬在兩重失意之下，只得去請教平日所欽佩而認
　　　　　　　　　爲是會有辦法的楊小姐。

　　　　（字幕）10：可是她仍未能徹底（明白），但已瞭解不少。

　　　　（字幕）11：翠芬受了勸導，委曲求全再到公司去積極認識社
　　　　　　　　　　會的缺點。

　　　　（字幕）12：翠芬下了決心，要向黑暗的社會勇敢地掙扎。

　　　　（字幕）13：奮鬥的結果。

　　文本讀解》（上海三聯書店 2009 年 10 月第 1 版），及《黑棉襖：民國文化中的舊市民電影──1922～1931 年現存中國電影文本讀解》（上下冊，臺灣花木蘭文化出版社 2014 年 9 月版），敬請參閱。

　　這中間還有兩段商場調遷告示的特寫鏡頭也具備類似功能；在人物對白已經能夠用聲音完成表述的情況下，這種藝術手段的使用可以清晰地看出舊市民電影的外在模式和套路。相形之下，《脂粉市場》的導演技巧值得稱道，譬如鏡頭的搖和機位的（平）移，流暢自如；敘述節奏相對於舊市民電影的拖沓明顯快捷，譬如在（字幕）1 之後，就是醫院的轉場，醫生護士辦理收帳員的死亡交接手續，緊接著（字幕）2 帶入女主人公的生存問題，然後進入主題敘述。這又不僅僅是藝術手段的問題，它實際上是新市民電影在文本內容和當下社會與生活相對應的體現。

　　左翼思想元素的借助體現在片頭出現的「獻詞」（內容概括）上，包含著鮮明的社會政治指向，很有開章明意義的意味，曰：「婦女職業解放，誰都知道是個重要問題；同時誰又都感到它的進程中，有許多困苦和阻礙。本劇所描寫的，只不過是抽象的一件從婦女生活、男女平權，一直到由奮鬥而尋求出路，給我們一個有力的啓示」〔註3〕。

〔註3〕這種模式在 1949 年後的中國大陸電影中被發揚光大；因爲隨著意識形態對文藝作品的全面的政治性覆蓋，藝術薰陶、審美功能和相關機制相繼喪失運轉空間。相反，政治宣傳的自我複製功能被無限放大……。

　　《脂粉市場》原本有一個左翼性質的結尾，據編劇原來的意思，是安排主人公李翠芬「走入群眾」，「其主張在說明現代婦女解放運動，與整個社會問題之解決有同一之命運」；但導演張石川「屈從反動派的壓力」將其刪除，改為李翠芬不甘被資本家玩弄、憤而辭職後自食其力，居然自己開了一家小商鋪 [1] P229~230。現在看來，哪一種結局設想都沒有對和錯的問題：因為都不靠譜。因為說到底，明星影片公司和張石川對《脂粉市場》的著眼點，是從順應市場需求的角度，將舊市民電影改造成新市民電影；而作為電影類型，它只能是新電影，既不同於舊市民電影，也不同於左翼電影——這才是一切爭論和問題的關鍵所在。

丙、「新」思想、「舊」觀念：新市民電影和《脂粉市場》的庸俗力量

　　新市民電影的「新」，是相對於舊市民電影而言，其中一個重要的變化就是其題材、故事背景、人物及其行為意識，一方面摻入很多新潮思想和新意識，譬如《脂粉市場》中對婦女獨立、男女平等、女性自尊自強等理念的鼓吹，（這一點，不能說是左翼文藝和左翼電影所獨有，而應該看作是社會整體進步思想的即時性體現）；另一方面，城市背景和這種文化背景下人物的行為意識，也更是新市民電影「新」的關鍵。

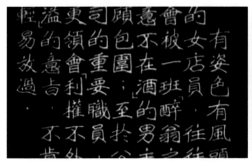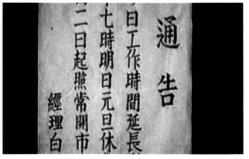

作爲與農業文明或農村文化相對立、相區別的城市文化，從19世紀末期到現在，一直都是相對先進和現代的——包括左翼文藝所持有的激進立場和先鋒意識都屬於這個範疇。相對於舊市民電影老舊、落後的傳統意識、倫理價值和審美訴求，相對於左翼電影強烈的政治、黨派意識形態和激進的社會革命訴求，新市民電影在這幾方面都有本質的區別和不同：如果說，舊市民電影和左翼電影是分別各執一端，那麼，新市民電影就是有意識地站在中間。

這是因爲，整個社會和文藝的整體狀態，從來、也應該是1：1：8的構成比例原則，即落後和激進的群體和觀念各占百分之十，而百分之八十的是中間人群和思想狀態，這才是、實際上也一直是社會的正常佈局和常態表現——這種認識和看法並不是今天的人們才知道和承認的，所以我說它是「舊」觀念。

包括《脂粉市場》在內的新市民電影所體現的，正是這大多數人的行爲意識和這大多數人所反映出的一種庸俗的力量——尤其是在世俗思想、人生經驗和社會生存等層面和領域。這是歷來被學術界和研究者們所忽略的一點。換言之，新市民電影的思想內涵，一方面具有和新時代非對立性的疏離、非反動性的世俗感受，同時，另一方面又有具有相當的恒常性力量，或者說是很庸俗的力量。

原因在於，作爲一個世俗化的娛樂工具、一種大眾化的、在很長一個時期內的低端文化消費，中國早期電影從一開始出現，就佔據著一個相當庸俗的起點；另一方面，電影發展成熟後，雖然對它在技術和藝術的進步和追求一直到今天也沒有停止，但是有一個事實不能被忽略，那就是作爲「經常性的文化娛樂活動」[2]，尤其是低端文化消費，大多數電影製作和產品都是庸俗之作，就像電影面對的觀眾和消費者一樣，大多數人都是普通人或者說是庸人 [註4]。

〔註4〕這種現象或者事實可能是人們不能接受的。但若套用黑格爾的名言「凡是存在的都是合理的」，那麼，那麼糟糕的電影和那麼多庸俗的觀眾層出不窮，肯定有其相應的政治、社會和文化邏輯在起作用。

那麼，新市民電影（或者更廣泛地說大眾化的藝術產品），其庸俗的力量在哪裏？在我看來，它（和它們）對於現實人生，是一種平面深度的反映，它（和它們）所關注的現實層面，一方面和所謂嚴肅文學、純藝術作品和先鋒派一樣，是指向大多數人生的，但是另一方面，它（和它們）又基本上停留在人生的庸常層面上，不做進一步的深入開掘。

《脂粉市場》沒有宏大的主題敘事，題材也還新穎，思想上也有鋒芒：譬如提倡婦女獨立、婦女解放「與整個社會問題之解決有同一之命運」，就像影片中所說的，男女之間的關係和地位，是「誰也別獨佔誰，誰也不可以被獨佔」。但它也就止於個案，雖然這個個案也經不起你仔細推敲：譬如女主人公後來開個小商店維持生存尚可，但卻也不會像她的前男朋友所祝福的那樣，將來會開成一個大商場——更何況，就像編劇指責「明星」公司改變原先影片結局時所說的，作為下級店員「當然無出資開設商店之可能」[3]。

因此，像《脂粉市場》這樣的庸俗電影和藝術表達，不能否認有一定的深度，但它必定受到平面化的制約，這樣才會為大多數人所接受、所理解。如果再深一點，就無法完成其思想和審美訴求。這是因為，一旦穿透這個平面，就是哲理深度。哲理深度指的是先鋒文學或者左翼電影才具備的深度，與之相關的是受眾面的縮小和受眾層次的提高；它往往是啟蒙者們具有啟蒙性質的作品，譬如 1920 年代魯迅的小說；在 1930 年代的電影作品中，《浪淘沙》（聯華影業公司 1936 年攝製）就是一個提高到哲理深度的例證 〔註5〕。

〔註 5〕 事實上，《浪淘沙》的思想高度甚至超過了包括經典作品在內的所有的左翼電影，以至幾十年來沒有得到更好的重視。對《浪淘沙》的具體討論，祈參見拙作：《新浪潮——1930 年代中國電影的歷史性閃存——〈浪淘沙〉：電影現代性的高端版本和反主旋律的批判立場》，載《南京藝術學院學報—音樂與表演》2009 年第 1 期；這篇文章的完全版收入《黑白膠片的文化時態——1922～1936 年中國早期電影現存文本讀解》，敬請參閱。

　　因此，同樣是對待和反映青年女性畢業後在社會上的遭遇問題，左翼電影譬如《桃李劫》（電通影片公司 1934 年出品）的政治態度和社會變革訴求就極為激進、徹底〔註6〕。實際上，新市民電影和左翼電影在對待社會政治、經濟、文化體制及其生態環境的態度，就是改良與革命的區別。

　　既然電影可以被平面深度和哲理深度所區分，那麼有一個事實就必須顧及：平面深度的電影，一方面它的受眾面永遠是相對廣泛，能被大多數人所理解和接受，另一方面又是一次性消費。人性中有很大的惰性成分，你不能要求很多人去看一部電影還要想很多。因為現實生活有很多庸俗的東西把你局限和控制起來；很多人僅僅是把電影當作一個具有藝術成分的感性消費品。這樣庸俗的電影過去有很多，現在、將來也還會是這樣。因為大眾是庸俗的。但是庸俗的電影又具備庸俗的力量，它能夠形象地、具體地、并且有一定深度地反映現實人生、對現實人生予以一定的指導。這是它生命力長久不衰的一個秘訣和原因。

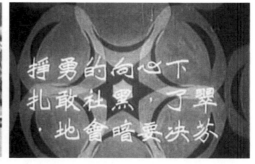

────────────

〔註 6〕 對這部影片的具體討論，祈參見拙作：《電影〈桃李劫〉散論──批判性、階級性、暴力性與藝術樸素性之共存》，載《寧波大學學報》2008 年第 2 期；這篇文章的完全版和未刪節版分別收入《黑白膠片的文化時態──1922～1936 年中國早期電影現存文本讀解》和《黑馬甲：民國時代的左翼電影──1932～1937 年現存中國電影文本讀解》（上下冊，臺灣花木蘭文化出版社 2015 年版），敬請參閱。

丁、結語

隨著 1930 年代中國城市化的發展，城市人群尤其是城市青年女性的生存和發展問題，開始進入電影這樣更大眾化的文藝載體和觀照視野。這是社會和文藝的雙重進步。雖然《脂粉市場》的結局有問題，但是它給你一個很淺顯的、很直觀的人生教導和啓蒙，或者說給你提供一個人生經驗借鑒。更直白地說，對於女性公民接受完學校教育和培訓，畢業以後走向社會、進而面對、認識和適應社會有所幫助。就像《脂粉市場》裏的人物和故事那樣，女生工作以後所面臨的譬如工作問題、男女關係問題、上下級關係處理乃至性騷擾問題，個人情感和工作責任的問題，家庭與個人前途的問題等諸如此類。城市中的人際關係和生存環境比傳統的鄉村背景更爲複雜，有時更爲艱辛；善惡、美醜、新舊並無本質的不同。新市民電影在這方面所蘊涵和傳達的信息，既是及時的也是新鮮的，對社會成員具有當下意義。這就是所謂庸俗的力量，或者說具有普世價值的力度。

1934 年，就在《脂粉市場》出品的同一年，明星影片公司推出了另一部新市民電影代表作《女兒經》。影片由 8 個相對獨立的故事串聯而成，其中一個女店員的故事可以說是《脂粉市場》的縮編和後續版；兩廂對照，坦白地說吧，《脂粉市場》就是那個女店員故事的加長版。如果說，女主人公在《脂粉市場》結尾處的出路問題，其解決方式是有爭議的話，那麼到了《女兒經》，就是最後終於走出去、直面人生與社會做掙扎去了〔註7〕。

我說過，新市民電影相對保守但並不守舊，側重世俗感受從而具有恒常性的庸俗力量。譬如它所謂的保守，往往只是局限在政治層面尤其是黨爭領域，在世俗層面的新觀念和新思想上卻常常出奇制勝。譬如《脂粉市場》，一

〔註 7〕 對《女兒經》的具體討論，祈參見本書第四章：《〈女兒經〉（1934 年）——依託舊電影的新賣點》。

方面強調女性潔身自好的良家倫理道德，另一方面卻又有相當出位的先鋒意識：與主人公李翠芬相對立的同事姚雪芳小姐，就敢於和自己的兩個男上司玩 3P 遊戲。因此。在《脂粉市場》之後，新市民電影必然又有新的表演——不信就走著瞧。

戊、多餘的話

子、對白的口音與中英文對照

從時間順序上看，1933 年的《脂粉市場》是現存 1930 年代的、公眾可以看到的第一個對白完全同步的有聲影片，（第二個是同一年的《姊妹花》），其語言總體上是帶有南方江浙一帶口音的京腔。如果從現今北京話的角度看，還挺地道，譬如「不介了」、「明兒見」、「你們都是一氣兒的」、「給你陪不是」、「幹嘛呀」；但又有上海土話，譬如「幾鈿」（多少錢）。而日常會話中更有英語摻雜，譬如：Good night，Come in，Fair play，Okey，Come on 等等；又譬如，戲院門前立著一個「客滿」的牌子，也是中英文雙注，曰：FULL。從這一點上說，新市民電影的世俗性真有特別之處，既不同於舊市民電影半文不白的本土色彩，也和一些左翼電影的義正辭嚴相迥異——當然更沒有 21 世紀後中國大陸影視劇裏古今不分、時空錯亂的胡說八道。

丑、胡蝶的大臉形象及其後續

作為 1920 年代後期成名的電影明星，胡蝶在當時和後來中國電影歷史上的地位和貢獻是多層次、多角度的。譬如她豐滿的面容，相對於 1920 年代的狐狸型美女臉型既是一張新面孔，更是明星影片公司的大眾名片。事實上，1930 年代的美女明星，大多是胡蝶臉型的延續，不信你看在左翼電影中成名的女影星，譬如聯華影業公司的當紅頭牌黎莉莉（《火山情血》，1932；《體育皇后》，1934）、王人美（《野玫瑰》，1932；《漁光曲》，1934），她們和以阮玲玉（《新女性》，1934；《神女》，1934）為代表的窄臉苦命女星平分春色、各領風騷。

1940 年代，以黃宗英（《烏鴉與麻雀》，崑崙影業公司 1949 年出品）為代表的狐狸型美女面貌捲土重來，與以白楊（《一江春水向東流》，崑崙影業公司 1947 年出品）為代表的新苦命女子面相分庭抗禮。1949 年後，中國大陸電影中女主人公扮演者的臉型和氣質已經具有階級內涵和政治指向性，譬如《青春之歌》（北京電影製片廠 1959 年攝製）和《早春二月》（北京電影製片廠 1963 年攝製）中女主人公的扮演者謝芳、《南征北戰》（上海電影製片廠 1952 年攝製）和《李雙雙》（海燕電影製片廠 1962 年攝製）中女主人公的扮演者張瑞芳，以及（《紅色娘子軍》（天馬電影製片廠 1961 年攝製）中女主人公的扮演者祝希娟——這種帶有天然道德優勢和立場正確鮮明的大臉模式，要歸功於胡蝶姐姐早年的奠基作用。

寅、小學教師

面對經理先生的潛規則利誘，胡蝶飾演的女主人公李翠芬決定去向胡萍飾演的小學教師楊小姐請教困惑；而她最後決意辭職、自謀生路（自開小店）以求新生，與這種請教不無邏輯關聯。換言之，作為新人物，楊小姐是新思想、新女性的代表，負責為勞苦大眾、弱勢群體指明人生方向。這與其說是新市民電影對左翼思想元素的市場化借鑒使用，不如說，是以夏衍為代表的左翼編導們的集體自畫像，在1930年代中國電影中的生成與反映。〔註8〕

初稿時間：2005年12月2日
二～三稿：2007年2月19日～12月12日
圖文增訂：2015年8月4日～8月6日

參考文獻：

〔1〕程季華，中國電影發展史：第1卷〔M〕，北京：中國電影出版社，1963。

〔2〕酈蘇元，胡菊彬，中國無聲電影史〔M〕，北京，中國電影出版社，1996：9。

〔3〕丁謙平，蔡叔聲（夏衍），聲明，晨報：每日電影〔N〕，1935-5-15//程季華，中國電影發展史：第1卷〔M〕，北京：中國電影出版社，1963：230。

〔註8〕本章文字的主體部分（不包括戊、多餘的話）約6000字，最初曾以《〈脂粉市場〉（1933年）：謝絕深度，保持平面——1930年代中國新市民電影讀解之一》為題，先行發表於2008年第5期《長江師範學院學報》（重慶，雙月刊），注釋中的黑體字，是發表時被刪除的部分。本章收入《黑白膠片的文化時態——1922～1936年中國早期電影現存文本讀解》一書時，列為第十四章，題目是：《庸俗的力量：新技術、新路線、新思想，舊觀念——〈脂粉市場〉（1933年）：新市民電影樣本讀解之一》。此次修訂，增加了戊、多餘的話當中寅、小學教師一節。此外，本章的所有圖片，均為此次成書時新增。特此申明。

Power of Philistinism: New Technique, New Line, New Idea, Old Conception——*Cosmetics Market* （1933）: An Example of the Chinese New-citizen Films

Read Guide: The contribution of Star Film Company to Chinese films is it integrated producing mode of Traditional-citizen film with aesthetics and developed New-citizen films, when Left wing films was thriving and became the mainstream. Cosmetics Market provided art and producing practice for Sister Flowers-a representative film of new-citizen films produced in the same year, and rich textual resources for the genres of Chinese films. The end of *Cosmetics Market* has some problems, but it enlightens audience a simple and direct outlook on life, or brings them some life experiences. If Traditional-citizen films on the one end, Left-wing films on the other end, New-citizen films locate in the middle of them. The language of New-citizen films is special, different from semi-classical Chinese in Traditional-citizen films, and also from severe and justice tone in Left-wing films.

Key words: audio films；Left-wing elements；New-citizen films；complanation restriction；philosophical depth；

本章的第一、二張圖片爲《脂粉市場》的 VCD 封面封底照，這是該片的 DVD 碟片。

第貳章 《姊妹花》(1933 年)——
雅、俗互滲與高票房電影

閱讀指要:

　　影片中發了洋財的親爹和當軍閥的大帥可以虛構,但在生活中,漂亮的妹妹進城就有機會成為汽車洋房的擁有者和達官貴人的姨太太,不好看的姐姐進城後只能到有錢人家競聘上崗當奶媽,卻是許許多多普通人真實命運的寫照。新市民電影的興起,正好和 1930 年代中國城市化進程加速、大批失去土地的農民進入城市謀求生路的現實境況相呼應,也與以激進的思想性見長的左翼電影的興盛潮流相呼應。1930 年代初期,雅、俗互滲的文化態勢和特點是新市民電影的生成背景和直接原因之一。觀眾主體與舊市民電影時代相比較,已經發生了本質變化。明星影片公司和《姊妹花》正是把握住了這一電影製作的時代命脈,不僅取得了影片在當時無人企及的高票房回報,而且打開了新市民電影與左翼電影並駕齊驅的國產電影新局面。

關鍵詞:舊市民電影;新市民電影;舊文學和新文學;雅俗互滲;左翼思想元素;

專業鏈接 1：《姊妹花》（故事片，黑白，有聲），明星影片公司 1933 年出品，
1934 年 2 月 15 日公映。VCD（雙碟），時長：81 分 9 秒。
>>> **編劇、導演**：鄭正秋；**攝影**：董克毅。
>>> **主演**：胡蝶、宣景琳、鄭小秋、譚志遠。

專業鏈接 2：原片片頭字幕及演職員表字幕（標點符號為錄入者添加）
全部對白歌唱有聲巨片。
《姊妹花》。
明星影片公司攝製。
編劇、導演：鄭正秋；攝影：董克毅；置景：董天涯；
收音：何兆璜；收音：何兆璋；洗印：顧友敏。
演員表：

大寶、趙劍英（二寶）——胡蝶，
趙大媽（大寶母）——宣景琳，
桃哥——鄭小秋，
趙大（大寶父）——譚志遠，
錢小姐——顧梅君，
香兒——顧蘭君，
錢督辦——徐萃園，
林老老——謝雲卿，
芳兒——袁紹梅，
李大哥——趙丹。
民國十三年的一個鄉村裏。

專業鏈接 3：鏡頭統計

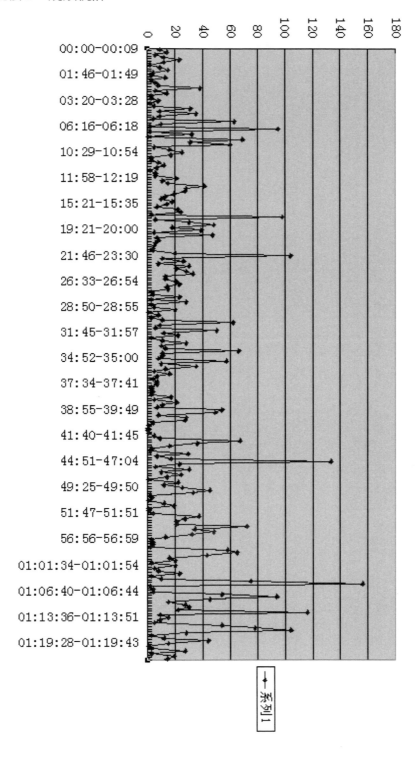

說明：《姊妹花》全片時長 81 分鐘，共 236 個鏡頭。其中：

甲、小於和等於 5 秒的鏡頭 74 個，大於 5 秒、小於和等於 10 秒的鏡頭 31 個，大於 10 秒、小於和等於 15 秒的鏡頭 33 個，大於 15 秒、小於和等於 20 秒的鏡頭 15 個，大於 20 秒、小於和等於 25 秒的鏡頭 16 個，大於 25 秒、小於和等於 30 秒的鏡頭 17 個，大於 30 秒、小於和等於 35 秒的鏡頭 9 個，大於 35 秒、小於和等於 40 秒的鏡頭 4 個，大於 40 秒、小於和等於 45 秒的鏡頭 5 個，大於 45 秒、小於和等於 50 秒的鏡頭 5 個，大於 50 秒、小於和等於 55 秒的鏡頭 2 個，大於 55 秒、小於和等於 60 秒的鏡頭 3 個，大於 60 秒、小於和等於 65 秒的鏡頭 3 個，大於 65 秒、小於和等於 70 秒的鏡頭 2 個，大於 70 秒、小於和等於 75 秒以上的鏡頭 2 個，大於、75 秒小於和等於 80 秒以上的鏡頭 1 個，大於 80 秒、小於和等於 85 秒以上的鏡頭 0 個，大於 85 秒、小於和等於 90 秒以上的鏡頭 0 個，大於 90 秒、小於和等於 95 秒以上的鏡頭 2 個，大於 95 秒、小於和等於 100 秒以上的鏡頭 1 個，大於 100 秒、小於和等於 105 秒以上的鏡頭 2 個，大於 105 秒、小於和等於 110 秒以上的鏡頭 0 個，大於 110 秒、小於和等於 115 秒以上的鏡頭 0 個，大於 115 秒、小於和等於 120 秒以上的鏡頭 1 個，大於 120 秒的鏡頭 2 個。

乙、片頭鏡頭 6 個，片尾鏡頭 0 個；黑屏鏡頭 2 個；字幕鏡頭 1 個。

丙、固定鏡頭 206 個，運動鏡頭 21 個。

丁、遠景鏡頭 1 個，全景鏡頭 78 個，中景鏡頭 61 個，近景鏡頭 69 個，特寫鏡頭 19 個。

（圖表製作與數據統計：玄莉群）

專業鏈結4：影片經典臺詞

「你自己還是個小孩子呢，倒也要有小孩子了……」

「想不到現在這個年頭鄉下人連書都念不起了，就靠你一個人、種地、養家，已經夠苦了，再生下一個出來，你不是更苦了嗎？」

「二寶長得好看，帶出去將來有出息」。

「你不要總是臉皮厚的來惹我，女人，不是個個都給你們欺負一輩子的！」

「娘兒們動刀動槍的算什麼呢？……我嚇唬嚇唬你的，你別哭了」。

「什麼？才來了三天，就要借錢嗎？快給我滾開！」

「人家家裏的人要快死了不要緊，倒是她打牌要緊。我求她，不給也就罷了，還打了我一個嘴巴子。您瞧，這種太太，還有一點心肝嗎？」

「大寶你要知道，我們窮人總是窮人，你要忍耐一點！」

「你媽這麼凶，你將來也不是個好東西！」

「奶媽敢打死小姐？哦？有人證明她是革命黨派來的偵探？」

「大老爺，有錢的太太不肯借幾塊錢給窮人，拿回去救四條性命，逼的我沒有法子，才偷金鎖的。大老爺……一家子指望我來救命的，倒要坐監牢嗎？大老爺，大老爺，我家裏當家的，還在生病呢！大老爺，我家裏還有老娘呢！」

「這個瘋老太婆，一定總有什麼冤枉。你有什麼話，到裏邊，跟我個人講。」

「你這、沒有良心的東西啊！什麼？我們窮人的性命不要緊？你的位子要緊啊？」

「哼，貴人與犯人，拉在一起，說是一家人？到底是怎麼個，來源？到底是，怎麼回事？為什麼？」——「只為她跟著專門販賣洋槍，害人的爸爸在花花世界裏面過活，所以享福，想不到你呢，跟著我這個不會害人的苦老媽，倒會受些罪來嘍」。

「哼！長得不好看的，就丟在家裏不管。長得好看的，就賣給人家做姨太太……哼！要是那時候我長得比你好看，也許我現在做人家姨太太呢！你，也許在我家裏做我的奶媽子呢！哼，我要是做了太太，穿了大氅，你跪在地下問我借錢。拉著我的大氅，要問我借錢救你一家子四條命，我就給你一個嘴巴子！」

　　「帶好看的女兒出門，替好看的女兒打扮，是要靠著女兒，陞官發財的。妹妹，你將來，年紀大了的時候。那位殺人的大帥難保不再買幾個女人，把你丟掉的。那個時候，你吃了苦，那位靠著女兒發財的爸爸，他就不會來顧到你的了。倒楣的是窮人，倒楣的還是我們女人吶！」

　　「什麼？你做老爺，位子要緊，我們窮人的性命就不要緊嗎？你忍心，讓她死嗎？」

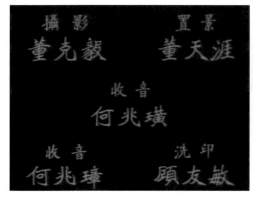

專業鏈結 5：影片觀賞推薦指數：★★★☆☆

甲、前面的話

　　1930年代初期，處於中國電影黃金時代的1933年和1934年，是左翼電影和新市民電影全面覆蓋市場和製作繁榮的時期，晚於左翼電影一年閃亮登場的新市民電影大有後來居上之勢。只可惜，現在公眾能看到的文本為數甚少。就現今公眾能看到的現存影片而言，這兩年間的新市民電影都出自明星影片公司，而且全部是有聲片，即1933年的《脂粉市場》和《姊妹花》、1934年的《女兒經》〔註1〕。

　　《姊妹花》號稱「全部對白歌唱有聲巨片」（片頭廣告），1934年2月上海（新光大戲院）首輪公映時，「創造了連續放映了60餘天的票房記錄」[1] P239；其後，「二輪、三輪影院共連映50餘天，營業收入高達20餘萬元，全國先

─────────────

〔註1〕 2012年10月15日～16日，（北京）中國電影藝術研究中心、（北京）中國電影資料館為參加「中國早期電影學術論壇」的會議代表放映了一部明星影片公司1933年出品的有聲片《二對一》（殘片），請參見本書第三章的具體討論；對《脂粉市場》和《女兒經》的具體討論，請參見本書第一章和第四章。

後有 18 個省、53 個城市和香港、南洋群島 10 個城市放映了《姊》片。《姊妹花》被評爲當年國內十部名片之首」[2]。在當時國內電影市場基本被進口影片（主要是美國影片）佔據的情形下，這是中國國產有聲影片市場有史以來的第一部高票房電影。而且，當時國產片在上海首映的時間，一般都只有 3～5 天[3]。

1960 年代集體編纂、代表大陸官方意志的《中國電影發展史》，在談《姊妹花》和編導鄭正秋時候，花了五個半頁的篇幅，但除了將其定性爲「電影界舊民主主義思想代表人物」和「舊民主主義革命者」之外[1] P235～240，對影片本身卻始終不肯賜予一個「進步」或「優秀」的標籤。這個原因很簡單，因爲鄭正秋在 1949 年後大陸的中國電影研究中始終沒有看作是左翼人士陣營人士。因此，《姊妹花》不能從左翼電影形態方面考慮。事實上，《姊妹花》的確不是一部左翼電影，而是一部地地道道的、與左翼電影大相徑庭，又與舊市民電影相對而言的新市民電影。

乙、新市民電影《姊妹花》：雅、俗文化互滲背景下的以舊翻新之作

1920 年代既是中國電影的無聲片／默片時代，也是舊市民電影盛行的時代。舊市民電影最大的特點是，主題和題材局限於家庭婚姻和才子佳人，故事的內涵、深度都是平面化的大眾通俗文藝，屬於電子化的低端娛樂種類。譬如，《勞工之愛情》（《擲果緣》，明星影片公司 1922 年出品）就是一個街頭男女相悅的噱頭與打鬥鬧劇的組合；《一串珍珠》（長城畫片公司 1925 年出品）主旨是說一切麻煩都是由於女人好虛榮引起的，只要克服了這種毛病，生活就會變得很美麗；《西廂記》（民新影片公司 1927 年出品）是同名古典戲劇的電子影像版；《情海重吻》（大中華百合影片公司 1928 年出品）、

《雪中孤雛》(華劇影片公司1929年出品),以及聯華影業公司1931年出品的《銀漢雙星》、《桃花泣血記》和《一翦梅》等,都是現代才子佳人的現代版故事新編。

因此,從歷史發展的角度來說,1933年出現的新市民電影比舊市民電影大有進步。除了有聲技術的使用外,新市民電影在繼承舊市民電影大眾化、普及性的製作傳統和審美趣味的基礎上,又將時興的左翼思想元素加入影片,及時跟上了時代步伐,與左翼電影一同開創了1930年代中國電影形態化的多元競爭格局。

1910年代中、後期興起的「新文化」和「新文學」運動,成功地「革」了中國舊文學的「命」,中國文藝開始出現雅、俗分化的趨勢,而且涇渭分明、互不交融。有身份的人一般不會去看俗的東西,看俗的東西的人基本無暇欣賞雅的作品。譬如引車賣漿者流,一般是不去看古典小說《紅樓夢》的;研究《紅樓夢》的,原則上也不會到戲園子看那些才子佳人的低俗電影。就1920年代的電影觀眾構成而言,幾乎全部是沒有什麼教育和知識背景的中下層市民,電影市場屬於一個非常通俗和低端的文化消費範疇,而有文化、有身份的主流社會群體譬如知識階層,一般不會涉足,因為,古典文學(包括京劇)和新文學作品才是他們日常的社會文化消費領域〔註2〕。

〔註2〕 譬如有一個極端的例子:從1912年到1926年,作為北京政府教育部的一名科級官員(僉事),魯迅除了寫作、到大學當兼職講師,他的文化消費就是淘古書、看古玩,幾乎沒有看電影的事跡。1930年代魯迅在上海定居後,日記裏才經常出現闔家去電影院的記載,直到他去世前的10天;「據統計,魯迅在1927~1936年的10年間,共觀看了142部影片,其中美國片就有121部」[5]——基本上不看中國電影。

進入 1930 年代以後，中國的雅、俗文化開始相互影響並強力滲透；就文藝而言，雅、俗文學相互學習對方的優點，取長補短。這是因為，新文學「完全站住了腳跟，並進而成為真正的文學主流」[4] P337~338；例如以張資平、葉靈鳳等為代表的新文學作家開始向俗文學靠攏，擴大了讀者市場，而以張恨水、劉雲若等為代表的通俗文學大家在向新文學和外國文學學習的過程中，又「由俗及雅」[4] P337~338。雅、俗互滲的文化態勢和特點，也是此時新市民電影的生成背景和直接原因之一。

而中國電影從一開始，就是中外剩餘資本進入文化市場的直接產物，譬如明星影片公司創辦人和主要編導張石川、鄭正秋，就是股票投機失敗後再次合作投身電影行業的[1] P57。新市民電影一方面當然也要追求資金回報和高票房，另一方面，它要把新的理念和新的思想吸收進來。這是因為，1930 年代觀眾主體發生了本質變化，知識階層尤其是青年學生，成為觀眾群體的主要構成。如果電影還要演繹即興式的淺薄鬧劇、或者女人愛慕虛榮、好女不嫁二男的這樣老掉牙的故事和道德說教，觀眾就不買你的帳，電影就沒有市場。明星影片公司和《姊妹花》的老闆兼導演鄭正秋，正是把握住了這一電影製作的時代命脈，結果，不僅取得了《姊妹花》在當時無人企及的高票房商業回報，而且打開了新市民電影與左翼電影並駕齊驅的國產電影市場新局面。

具體分析《姊妹花》就會發現，它在本質上還沒有完全脫離舊文學、舊藝術的思想範疇，其主題和情節設置乃至具體的藝術表現手法，都還基本依賴舊市民電影的套路。譬如影片的大團圓結局的設置就是如此：一對孿生姊妹，命運卻很懸殊，鄉下姐姐來給城裏做姨太太的妹妹當奶媽（雙方互不知情），因為偷東西被主人家的小姑子發覺，兩人撕扯中姑奶奶被打死；老母親

哭著喊著來找審案的軍法處長伸冤，卻發現這位爺正是多年前離家下海經商（販賣洋槍）的丈夫……。親不親，一家人。親人相認之後，也不管當官兒的爹怎麼嚷嚷，姨太太做主，輕而易舉就把人命關天的事情解決了──帶著媽媽和姐姐一走了之。

由此可見，《姊妹花》的著力點是「無巧不成書」，而這正是通俗文藝也就是舊文學和舊文藝的一個最主要特徵。所有的好的事情、不好的事情都以一條主線牽繞在一家人身上。這種幾率雖然很低，但現實中並非沒有。必須承認，有時候生活本身往往比編出來的故事還要精彩百倍。《姊妹花》及其轟動效應與其說是一個個案的藝術再現，倒不如說反映了當時中下層民眾對社會現實的集體感知和對他者命運的合理想像。相對於舊市民電影遠離現實生活和現代生存環境的傳統才子佳人故事，這種集體感知和合理想像，更能給觀眾帶來精神上的滿足和感官上的審美愉悅。

最能體現影片舊市民電影特色的，是《姊妹花》中苦情戲的使用。苦情戲的外在表現就是「哭」字當頭、以情動人，實際上，這也是舊文學或通俗文藝經常大量使用的手法和藝術著力點。譬如，父親帶著二女兒二寶離開鄉下老家後，大寶和老母親苦苦度日，面對經常無米下鍋的苦境，母女二人常常以淚洗面；大寶自己扔下一對雙胞胎到城裏去給富人家當奶媽，丈夫又摔壞了腿，老母哭著到大寶這裏報信，大寶又向女主人哭訴借錢；在當了軍法處長的老爹的公堂後面一家相見時，母女三人更是在哭聲和淚水中完成相認；而老母親去大寶主人家找女兒報信、後來再到軍法處長宅邸哭訴冤情時，被一再阻攔的場景，又很容易讓人想起舊戲曲中直闖公堂、攔路喊冤卻又巧遇清官大老爺的傳統模式。

　　《姊妹花》中的這對姐妹，命運和遭遇的天壤之別，不在於姐、妹之分，而在於她們的不同的城鄉身份標識和階級地位認定，這又是新市民電影對左翼電影思想元素的片段式吸收與借用。影片中發了洋財的親爹和當軍閥的大帥可以虛構，但在生活中，漂亮的妹妹進城就有機會成為汽車洋房的擁有者和達官貴人的姨太太，不好看的姐姐先是在鄉下務農，進城後丈夫在建築工地賣苦力摔傷沒錢治病，自己只能到有錢人家競聘上崗當奶媽，卻是許許多多普通人真實命運的寫照。新市民電影的興起，正好和1930年代中國城市化進程加速、大批失去土地的農民進入城市謀求生路的現實境況相呼應，也與以激進的思想性、階級性見長的左翼電影的興盛潮流相呼應。

　　《姊妹花》的故事和表演都很庸俗，但它對包括舊市民電影在內的舊文藝和通俗文藝文化模式的使用，卻在最大程度上覆蓋了觀眾市場，迎合了包括男女農民工在內的普通觀眾對自身命運的情感檢索和道德訴求──而這一點，也是當時激進的左翼電影經常使用的，譬如聯華影業公司1934年出品的、反映城市底層人群──性工作者生存狀態的電影《神女》。就藝術表現力而言，《姊妹花》的市場回報，說明新市民電影對舊市民電影傳統性的強調、對左翼電影思想元素的片段式借用，已經成為自覺意識並將其植入生產製作流程。

丙、《姊妹花》：左翼思想元素的移植和表演的程序化

1918 年，魯迅發表了新文學的奠基之作《狂人日記》，1923 年，包括《狂人日記》、《孔乙己》、《藥》和《阿 Q 正傳》在內的小說集《吶喊》出版，標誌著中國現代小說從西方文學在本土文化上的移植成功。現代小說的特點是截取人生現實的片斷，往往以開放式的結局收尾，而不是像古典小說那樣有一個封閉的敘事模式。譬如人們所熟知的王子和灰姑娘的故事，一定給你講，「從前……」，然後「有一天……」，最後「從此過上了幸福的生活」。《姊妹花》的敘事結構依然留存在舊文藝、舊市民電影的表現方式和框架內，但它及時地將激進的左翼思想及左翼範疇內階級對立觀點和階級鬥爭元素，巧妙地、柔和地融入影片，並使用本土傳統文化的倫理道德邏輯加以麻辣手段處理。

如果說，舊市民電影熱衷於用不三不四的噱頭和不倫不類的鬧劇讓觀眾去笑，用不古不今的情節和滿負荷的傳統說教讓觀眾去哭，那麼，《姊妹花》是佔據親情至上和天然倫理的道德制高點，竭力煽情，而且是從人性最基本、最薄弱的地方煽起——直接打擊觀眾淚腺。看看姐姐大寶，本來先到人間卻長得不好看，在鄉下時當農婦，進城後只配做奶媽，集所有的不幸於一身；再看看妹妹二寶，天生麗質，在鄉下都沒來得及當農民，就跟著爹進城發了大財，又高攀成為大帥的姨太太，享盡榮華富貴。

身為女人，漂亮和不漂亮的二次人生機遇也懸殊得很：一個嫁給位高權重的老爺，雖然排名是七姨太，但老爺的官卻越做越大，自己的私房錢也越來越多；一個嫁給農民，雖然是明媒正娶、恩愛夫妻，但日子卻越過越窮，窮到只能去偷：貧賤夫妻百事哀，飢寒起盜心啊。

　　在雅、俗文化相互滲透的背景下，新的觀念譬如左翼思想元素被新市民電影及時吸收。《姊妹花》當中大寶面對自己的悲慘遭遇，不再抱有過去「死生有命，富貴在天」或者「嫁雞隨雞、嫁狗隨狗、嫁給門板跟著走」的宿命論，居然用1930年代初期最新潮的左翼思潮思想和階級鬥爭觀念，來解釋自己的行為。想想在此之前的舊市民電影中，如果窮人向富人借錢，只能是說：老爺太太求您可憐可憐我借我點兒錢……。但《姊妹花》中的大寶向主人借錢時，卻理直氣壯：

　　「難道我們窮人的性命不要緊，你們富人的面子要緊？」（為什麼向你借？因為你有錢；我窮故我借）；「你不借還罷了，還給我一嘴巴」（所以我就偷，並使用暴力反抗）。這是因為，在左翼電影中，有錢階級是一個在倫理、道德層面和政治、經濟、文化等諸多領域被仇視、被批判、被否定的對象，而被肯定、被歌頌的階級是無產階級（窮人）和弱勢群體；階級矛盾和表現是剝削與被剝削、壓迫與被壓迫，關係處理和矛盾解決的手段與方式，是思想和操作層面的雙重暴力。大寶的行為意識，實際上是左翼文藝的觀念在起作用。

　　但新市民電影到底不是左翼電影，《姊妹花》當中的左翼觀念和行為意識，也並不說明它是一部具有左翼傾向和左翼色彩的影片。道理很簡單：左翼電影是從社會體制、階級立場和政治觀念的角度，給予整體性的否定和顛覆；新市民電影例如《姊妹花》，則是在人性的保險箱內，批判和指斥命運的不公，然後以親情成功地予以道德救贖、化解矛盾，所謂批判性，只是對左翼諸元素的借用而已。所以，在一系列的苦情戲（老夫妻離散、小夫妻窮困、姊妹成了主僕、仇家）之後，就是皆大歡喜的收場：

　　先是大寶二寶的父母這對老夫妻相認，（注意，跟大帥當上軍法處長的老爹到現在也沒有再娶的證據，本身就是這場戲的伏筆），然後再讓大寶二寶姊妹相認，（二寶倒是富貴不忘親情，她對大寶和老母的相認編導和觀眾共同讚助完成的），全體一家親後，再齊心協力解決大寶姐姐失手打死小姑（大帥的親妹妹）這個小問題。

　　在仔細深究《姊妹花》與舊市民電影和左翼電影諸多瓜葛的同時，就會發現，新市民電影自身同樣具有一定的套路模式和程序化的表演。概括起來就是：觀念高於生活，形式大於內容，為了故事的圓滿，往往不顧忌生活真實、不惜犧牲細節〔註3〕。譬如《姊妹花》中，大寶在偷主人家小孩子的金項

<hr />

〔註 3〕 在一定程度上，這個特點也適用於早期的左翼電影。早期的左翼電影，為了理念的表達，有時候就是生編硬造。譬如無聲片《野玫瑰》（聯華影業公司 1932年出品），一個鄉下野丫頭硬被一個城裏的少爺看上了。這個資產階級少爺，除了會開汽車還有很高雅的藝術修養：會畫畫——放在時下，就得會玩兒 DV，屬於體制外散養的藝術家了——但這兩個人卻硬能夠走到了一塊兒；還有配音片《大路》（聯華影業公司 1934 年出品）也有類似問題。對這兩部左翼電影的具體討論，請參見拙作：《〈野玫瑰〉：從舊市民電影向左翼電影的過渡——現存中國早期左翼電影樣本讀解之一》，載《文學評論叢刊》第 11 卷第 1 期（2008

圈（長命鎖）時，被孩子的姑姑看見，兩人在撕扯搶奪中，衣櫃上的瓷缸掉下來把孩子的姑姑砸死了。巧是巧了，但其實富貴人家一是不把這麼大的傢夥擺在小孩的臥室裏，二是出了這種事情，主人根本就不需要親自動手──市井小民才這般挖臉皮、揪頭髮地打做一團。

所謂形式大於內容，一方面指的是新市民電影對觀眾的情感反應，使用了過度開採的方式，（人的情感及其反應是有一定的資源和能力限制的），《姊妹花》的煽情就是如此；另一方面，作爲類型化電影，新市民電影和一年前就已出現的左翼電影一樣，都有情節模式化和表演程序化的通病：主演《姊妹花》的胡蝶就是一個演員表演方面的例證。

丁、結語

實事求是地說，胡蝶在當年《脂粉市場》中的表演已經相當地程序化，尤其是面部表情豐富有餘、內斂不足，留有濃重的舊市民電影和舞臺表演痕跡；1933年的《姊妹花》和隨後的《女兒經》（明星影片公司1934年出品），胡蝶的表演幾乎看不出有多少藝術表現力和創造力，她所塑造的人物臉譜化、程序化嚴重定型。如果說，胡蝶所塑造的人物有感人之處，那是人物本身所具有的魅力和光彩，是人物賦予她感人之處而不是相反。

胡蝶是一位市場含金量極高的電影明星，但更是「明星」公司的明星，她是1930年代中國電影歷史上由舊市民電影時代進步到新市民電影時代的代

年11月，南京，季刊），以及《左翼電影製作模式的硬化與知識分子視角的變更──從聯華影業公司出品的〈大路〉看1934年左翼電影的變化》，載《蘇州科技學院學報》2008年第2期。兩篇文章的完全版和未刪節版先後收入《黑白膠片的文化時態──1922～1936年中國早期電影現存文本讀解》和《黑馬甲：民國時代的左翼電影──1932～1937年現存中國電影文本讀解》，敬請參閱。

表，她的藝術缺陷，應該說沒有多少個人原因，明星影片公司及其所開創的新市民電影類型要負起這個責任〔註4〕：從舊市民電影到新市民電影，雖然完成了無聲到有聲的技術性跨越，但在藝術精神和氣質上卻是一脈相承，那就是改良時的借助、改良後的庸俗。

戊、多餘的話

子、白日夢？

《姊妹花》本是根據導演鄭正秋自己的一個舞臺劇《貴人和犯人》改編而來。作為（過失）殺人犯，如何處理姐姐大寶的問題，在影片中是有難度的：妹妹二寶倒是敢跟大帥鬧翻，但大帥肯不肯罷手不予追究？老父親的官位能否保住？畢竟，死者是人家的親妹妹啊——但這些都不打緊，因為故事結束了，更因為決定影片成敗與否的終極權力在於觀眾手中的每人一票。1920年代的舊市民電影就有一個共通特點，那就是有意識地把電影打造成一個白日夢，用左翼編劇田漢當時一篇有代表性的文章來說就是《銀色的夢》[5] P113。新市民電影和它的觀眾繼承了這個傳統理念，繼續將電影作為遮蔽日常庸常繁重生活的一種方式和手段〔註5〕。

〔註 4〕和胡蝶同時代的著名影星有許多，譬如相比之下，同樣是舊市民電影明星出身，阮玲玉才是一位偉大的表演藝術家，其所塑造的人物因為她自身的原因而熠熠生輝；阮玲玉能不斷超越自我、揚棄創新；但胡蝶不能。

〔註 5〕到了 1930 年，田漢改變了「電影是夢」的看法，所以他寫了一篇名為《從銀色之夢裏醒轉來》的文章，繼而投身左翼電影運動[6]。現在看來，類似「電影是夢」的觀念又在 21 世紀的中國大陸回潮，譬如 2004 年出品的高票房大片《天下無賊》。我個人對這部影片的讀解意見雖然當年就已經完成，但始終沒有完整發表，其零碎的相關見解散見於拙著《新世紀中國電影讀片報告》（中國傳媒大學出版社 2014 年 1 月版），敬請查閱批判。

丑、三方滿意

　　事實上，所謂市民電影票房，無論新舊（新市民電影和舊市民電影），就是一哭二笑兩個字，字字千金，（武俠片則是亂打胡鬧、文化顛狂，處處惡俗）。明星影片公司不愧是老牌市民電影的龍頭老大，鄭正秋到底是一代藝術宗師的代表人物，一苦一甜、苦盡甘來、鹹鹹酸酸、麻辣出鍋、熱力上市，讓《姊妹花》真正做到了領導滿意、專家認可、觀眾叫好，以及高票房回報的社會效益和經濟效益雙豐收——這，你還有什麼話可說？〔註6〕

初稿時間：2005年12月2日
二～三稿：2007年2月22日～12月13日
圖文增訂：2015年8月7日～8月10日

參考文獻：

〔1〕程季華，中國電影發展史：第1卷〔M〕，北京：中國電影出版社，1963。
〔2〕潮之南，一代藝宗鄭正秋，（2004-11-3）〔2005-8-3〕http：//www.chaozhinan.com/article.asp?id=2617&classid=4）

〔註6〕本章文字的主體部分（不包括戊、多餘的話）約6000字，最初曾以《雅、俗文化互滲背景下的〈姊妹花〉》為題，先行發表於2008年第5期《當代電影》（北京，雙月刊）。收入《黑白膠片的文化時態——1922～1936年中國早期電影現存文本讀解》一書時，列為第十五章，題目是：《市場經濟中的雅、俗文化互滲與高票房國產影片——〈姊妹花〉（1933年）：新市民電影樣本讀解之二》。本章的所有圖片，均為此次成書時新增。特此申明。

〔3〕王人美，我的成名與不幸——王人美回憶錄〔M〕，解波，整理，北京：
團結出版社，2007：98.

〔4〕錢理群，溫儒敏，吳福輝，中國現代文學三十年（修訂本）〔M〕，北京：
北京大學出版社，1998.

〔5〕王振星，魯迅與電影〔N〕，人民日報海外版，1996-12-29（G）//〔2007-2-22〕
http：//www.white-collar.net/wx_hsz/luxun/plzl/lx_08.htm.

〔6〕酈蘇元，胡菊彬，中國無聲電影史〔M〕，北京：中國電影出版社，1996：
318.

Mutual Penetration of Refined and Popular Tastes, Box Office Hit Domestic Film in Market Economy——Twin Sisters（1933）：The Second Sample of New Citizen Films

Read Guide：A rich father earning huge from foreign companies and a marshal warlord might be fabricated in the film, however other plots might reflect many people's real lives. Pretty young sister got chance to own cars and a western style house, to become a high official's concubine, but clumsy old sister only got a post as a wet nurse in a rich family by competition. Growing up of New Citizen Films just echoed the real social situation in 1930s, when Chinese urbanization developed faster, large number of farmers lost their land and swarmed into cities to make a living, and also echoed the prosperous trend of extreme and thoughtful Left-wing Films. In early 1930s, the cultural trend and features caused by the mutual penetration of refined and popular tastes are one of reasons and background to create New Citizen Films. The main part of audience, compared with Traditional

Chinese Film times, had changed essentially. Star Film Company and Twin Sisters just took the pulse of film production, by which it gained not only box office hit others could never reach, but also created a new picture for domestic films—New Citizen Films and Left-wing Films advanced shoulder to shoulder.

Keywords：Traditional Chinese Film；New Citizen Film；old literature and new literature；mutual penetration of refined and popular tastes；left-wing thoughts element；

本章的第一、二張圖片爲《姊妹花》的 VCD 封面封底照，這是該片的 DVD 封面封底照。

第參章 《二對一》(1933年)——
與左翼電影分道揚鑣

閱讀指要：

　　1930年代初期中國的新電影形態，除了1932年出現的左翼電影，還有其它不同種類的新電影，包括1933年出現的新市民電影。新市民電影向外承襲了外國電影尤其是好萊塢電影的文化娛樂精神和即時消費特質，向上繼承著1910年代以來中國舊電影，即舊市民電影對傳統道德和倫理綱常的維護，橫向裏則有條件、有限度地抽取借助左翼電影思想元素，把時尚的女性獨立意識和民族性、階級性的顯性話題元素放置進去，迎合時代發展尤其是觀眾的心理訴求和市場需求；「明星」公司1933年出品的《脂粉市場》、《姊妹花》和《二對一》就是這樣。新市民電影對自身內在品質和外在形式的堅守，既是與左翼電影有本質區別的顯著特徵，也是其能夠貫穿延伸至1950年代以後香港電影的根本原因。就《二對一》而言，影片的主題其實是球星生活與交際花生活交集構成的都市奇觀景象，所謂中外球隊比賽只是一個噱頭，真正的看點是球星和交際花；男女明星集體出境的視覺堆砌即下延到客户端的賣相，又是新市民電影奉行新技術主義製片路線的結果。

關鍵詞：左翼電影；新市民電影；《脂粉市場》；《姊妹花》；《二對一》；歌舞元素；

專業鏈接 1：《二對一》(故事片，黑白，有聲)，明星影片公司 1933 年出品。
　　　　　視頻 (現場)，時長：79 分鐘 4 秒。

　　　　　>>> **編劇**：王乾白；**導演**：張石川、沈西苓；**攝影**：董克毅。

　　　　　>>> **主演**：龔稼農、鄭小秋、王徵信、高倩蘋、嚴月閒、艾霞、
　　　　　　　宣景琳。

專業鏈接 2：原片片頭字幕及演職員表字幕 (標點符號爲錄入者添加)

　　　　全部對白歌唱體育有聲巨片。《二對一》。明星影片公司。

　　　　導演：張石川、沈西苓；

　　　　編劇：王乾白；

　　　　攝影：董克毅；

　　　　置景：董天涯；

　　　　收音：司徒慧敏、何兆璜、何兆璋、何懋剛。

　　　　演員表：余家祿——龔稼農，

　　　　　　　　王維達——鄭小秋，

　　　　　　　　徐　健——王徵信，

　　　　　　　　球　員——趙　丹、許　良、尤光照、梅　熹，

　　　　　　　　陳愛華——高倩蘋，

　　　　　　　　李紹芬——嚴月閒，

　　　　　　　　范麗雲——艾　霞，

　　　　　　　　周潔夫——王獻齋，

　　　　　　　　羅　娜——宣景琳，

　　　　　　　　交際花——朱秋痕、顧梅君、顧蘭君。

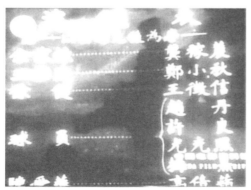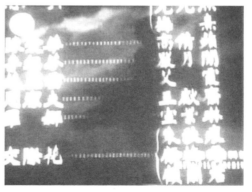

專業鏈接 3：鏡頭統計

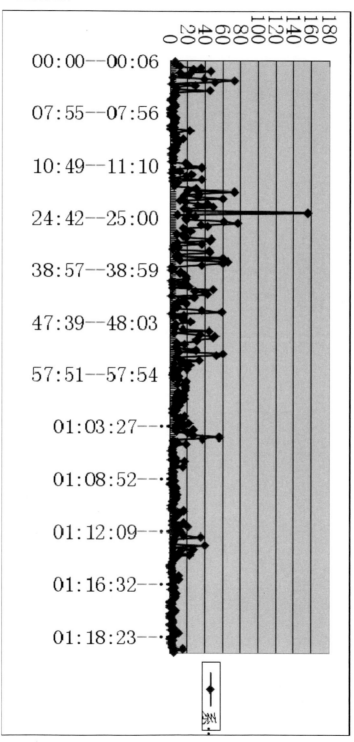

說明：《二對一》全片時長 79 分 4 秒，共 340 個鏡頭。其中：

甲、小於和等於 5 秒的鏡頭 135 個，大於 5 秒、小於和等於 10 秒的鏡頭 72 個，大於 10 秒、小於和等於 15 秒的鏡頭 30 個，大於 15 秒、小於和等於 20 秒的鏡頭 32 個，大於 20 秒、小於和等於 25 秒的鏡頭 14 個，大於 25 秒、小於和等於 30 秒的鏡頭 10 個，大於 30 秒、小於和等於 35 秒的鏡頭 10 個，大於 35 秒、小於和等於 40 秒的鏡頭 9 個，大於 40 秒、小於和等於 45 秒的鏡頭 5 個，大於 45 秒、小於等於 60 秒的鏡頭 17 個，大於 60 秒的鏡頭 6 個。

乙、片頭鏡頭 5 個，片尾鏡頭 1 個；字幕鏡頭 3 個，其中交代劇情的鏡頭 3 個，交代人物鏡頭 0 個；對話鏡頭 3 個。

丙、固定鏡頭 261 個，運動鏡頭 69 個。

丁、遠景鏡頭 0 個，全景鏡頭 167 個，中景鏡頭 29 個，近景鏡頭 92 個，特寫鏡頭 42 個。

（數據統計與圖表製作：李棠雄）

專業鏈結 4：影片經典臺詞

「請您跳一個舞好不好呀？」──「對不起，我是不會的」。

「我們想來一點玩意，為了聊表我們的敬意。跳舞呢總是太單調了，讓我來唱一唱新劇，好吧。可是我不會唱，唱得不好，請各位大人家不要見笑」。

「這個社會一大幫子人愛你，可是球技呢，是沒有止境的，我們華光隊最不能提倡的並不是……最重要的是在國際的舞臺上我們中國人集體……我說的這幾句話太不客氣了，請諸位原諒！」

「這可了不得，這是他愛人送給他的東西。你要是給他拿掉了，等於要他的命去！」

「現在哪有真心的戀愛，你這樣癡心癡意地想他，也許他並不在那專心想你呢」。

「戀愛才像是變戲法呢，誰的手段高強，誰也能騙得過誰」。

「華光的名譽，諸位的名譽，就來自四十分鐘以後，希望大家努力！」──「我過去的事情我真後悔，現在我希望會努力，不要中了敵人的奸計，大家努力報仇！」

專業鏈結 5：影片觀賞推薦指數：★☆☆☆☆

甲、前面的話

2009 年，中國電影藝術研究中心負責人曾公開表示：「現在我們能夠看到的1949 年以前的中國電影只有二百多部。……中國電影資料館現存的1949年前的中國電影應該在 380～390 部左右。也就是說，加上殘缺不全的和不能放映的，至少還有 100 部以上的電影可以挖掘」[1]。就我所知，這幾年中國電影藝術研究中心研究生部每周都有觀摩這些影片的課程安排，單就網上公佈的 2012 年的觀摩片目而言，1949 年前出品的影片就有 47 部，其中，26部是從未向外界公開任何信息的影片〔註 1〕，這就使得包括許多專業研究者

〔註 1〕 具體片目請參見（北京）「中國電影藝術研究中心研究生部」的「教育動態」網頁（http：//www.cfa.gov.cn/yjsjy/tabid/410/1159pageidx/2/Default.aspx），下列被標注為黑體的片目，都是出品於 1949 年前、且從沒有對外公佈、公眾根本檢索不到的影片。譬如：《紅俠》(1929)、《西廂記》(1927)、《雪中孤雛》(1929)、**《狼山喋血記》(1936)、《天字第一號》(1946)、《王先生吃飯難》(1939)、《王先生與二房東》(1939)、《木蘭從軍》(1938)、《粉紅色的夢》(1932)**，詳見：《中國電影藝術研究中心研究生部 2012 年度碩士研究生課程排片表（1）》（2012 年 2 月 28 日～4 月 24 日），網址：http://www.cfa.gov.cn/yjsjy/tabid/417/InfoID/3948/frtid/410/Default.aspx；**《街頭巷尾》(1948)、《花外流鶯》(1947)、《二對一》(1934)、《柳浪聞鶯》（殘片，1948)、《深閨疑雲》(1948)**，詳見：《中國電影藝術研究中心研究生部 2012 年度碩士研究生課程排片表（2）》（2012 年 5 月 8 日～6 月 26 日），網址：http://www.cfa.gov.cn/yjsjy/tabid/417/InfoID/

在內的廣大民眾，根本沒有一睹這些影片文本真容的機會。對此，即使是業
內前輩專家，也曾經在 2009 年發出呼籲，要求「資料開放，資源共享！」[2]

　　1949 年前的這些影片，實際上有許多已經做了技術性的保護處理，譬如
刻成了光碟，完成了從膠片到數字化的轉換；因此，對外公映或允許公眾自
由查閱觀摩，並沒有損壞原始膠片拷貝的可能。而一些不甚重要的影片，偶
而會在（北京）中國電影藝研究中心或（北京）中國電影資料館主辦的學術
會議上為與會代表放映。譬如 2012 年 10 月 15 日～16 日，上述兩家單位在
昌平聯合舉辦「中國早期電影學術論壇」期間，就為參會人員放映了幾部影
片，除了有聲片《二對一》之外，還有友聯影片公司 1930 年出品的無聲片
《荒江女俠》，以及華新影片 1939 年出品的有聲片《王先生吃飯難》等。按
照我的看法和劃分標準，《荒江女俠》屬於舊市民電影序列，《王先生吃飯難》
以及本文要讀解的《二對一》，則屬於新市民電影形態。

4060/frtid/410/Default.aspx：《珠江淚》（1949）、《生龍活虎》（1937，缺）、《熱
血忠魂》（1938）、《勞工之愛情》（1922）、《國風》（1935）、《博愛》（1942）、
《姊妹花》（1933）、《回頭是岸》（1945）、《少奶奶的扇子》（1939）、《萬世流
芳》（1943），詳見：《中國電影藝術研究中心研究生部 2012 年度碩士研究生
課程排片表（3）》（2012 年 9 月 18 日～11 月 13 日），網址：http：//www.cfa.gov.
cn/yjsjy/tabid/417/InfoID/4157/frtid/410/ Default.aspx：《萬戶更新》（1945）、《春
江遺恨》（1944）、《義丐》（1944）、《關雲長忠義千秋》（1940）、《風流世家》
（1942）、《芳華虛度》（1942）、《長恨天》（1942，缺第三本）、《洞房花燭夜》
（1942）、《薔薇處處開》（1942）、《兩代女性》（1943）、《白山黑水血濺紅》
（1947）、《新生》（1943，缺第五本），詳見：《中國電影藝術研究中心研究生
部 2012 年度碩士研究生課程排片表（4）》（2012 年 11 月 27 日～2013 年 1 月
8 日），網址：http：//www.cfa.gov.cn/yjsjy/ tabid/417/InfoID/4196/frtid/410/Default.
aspx。

乙、1930 年代中國新、舊電影的區別與發展

子、新市民電影的歷史生態環境

　　1930 年代初期的中國電影就有新、舊之別。譬如當時的電影評論者，就把新電影稱爲「新興電影」[3]——也有人稱之爲「復興」的「土著電影」[4]。1949 年之後中國大陸的電影史研究都基本上承接了這一結論，只不過，1990 年代之前的研究，對新電影只承認或只提及左翼電影[5] P183；1990 年代以後，則又重新把新電影稱爲「新興電影」(運動)[6][7][8]，甚至「新生電影（運動）」[9]。按照我個人對這一時期中國電影的討論，我將 1932 年左翼電影出現以前的中國電影，稱之爲舊市民電影形態——這裏的「舊」並無貶斥或全盤否定的意思，只是時間上的先後區別標示〔註2〕。

────────────

〔註2〕對舊市民電影概念的界定以及個案讀解和專題集中討論，請參見拙作《論舊市民電影〈啼笑因緣〉的老和〈南國之春〉的新》（載《揚子江評論》2007 年第 2 期）、《外來文化資源被本土思想格式化的體現——〈一串珍珠〉（1925 年）：舊市民電影及其個案剖析之一》（載《上海文化》2007 年第 5 期）、《〈一翦梅〉：趣味大於思想，形式強於內容——1930 年代初期的中國舊市民電影樣本讀解之一》（載《新疆藝術學院學報》2008 年第 4 期）、《傳統性資源的影像開發和知識分子對舊市民電影情趣的分享——以民新影片公司 1927 年出品的影片〈西廂記〉爲例》（載《長江師範學院學報》2009 年第 2 期）、《〈雪中孤雛〉：新時代中的舊道德，老做派中的新景象——1920 年代末期中國舊市民電影個案分析之一》（載《淮南師範學院學報》2009 年第 1 期）、《〈桃花泣血記〉：模式的遺存和新信息的些許植入——1930 年代初期的中國舊市民電影樣本讀解之一》（載《浙江傳媒學院學報》2009 年第 3 期）、《對 1920 年代末期中國舊市民電影低俗性的樣本讀解——以 1928 年大中華百合影片公司的〈情海重吻〉爲例》（載《浙江傳媒學院學報》2009 年第 4 期）、《20 世紀 20 年代中國電影文化生態的低俗性及其實證讀解》（載《杭州師範大學學報》2009 年第 4 期）、《〈勞工之愛情〉：傳統戲劇戲曲的電子影像版——現在公眾能看到的最早最

　　1930 年代初期左翼電影的出現，意味著新的電影時代的到來，這是學術界公認的結論。問題是，第一，左翼電影出現於 1932 年而不是以往認爲的 1933 年；第二，1930 年代初期出現的新電影，並不僅僅是左翼電影〔註 3〕；因爲從

完整的早期中國電影》（載《渤海大學學報》2009 年第 4 期）、《上世紀 20 年代舊文化生態背景下的舊市民電影──以 1929 年出品的〈兒子英雄〉爲例》（載《汕頭大學學報》2009 年第 5 期）、《新知識分子的舊市民電影創作──新發現的侯曜〈海角詩人〉殘片讀解》（載《浙江傳媒學院學報》2012 年第 5 期）、《舊市民電影的總體特徵──1922～1931 年中國早期電影概論》（載《浙江傳媒學院學報》2013 年第 3 期）、《舊市民電影的又一新例證──以 1929 年友聯影片公司出品的武俠片〈紅俠〉爲例》（載《浙江傳媒學院》2013 年第 4 期）、《中國早期電影中武俠片的情色、打鬥與噱頭、滑稽──以 1929 年華劇影片公司出品的〈女俠白玫瑰〉爲例》（載《文化藝術研究》2013 年第 4 期）、《20 世紀 30 年代初期中國舊市民電影的傳統症候與新鮮景觀──以聯華影業公司出品的〈銀漢雙星〉爲例》（載《浙江傳媒學院學報》2014 年第 5 期）、《舊市民電影：1930 年代初期行將沒落的中國主流電影特徵──無聲片〈銀幕豔史〉（1931）簡析》（載《杭州師範大學學報》2014 年第 5 期）。以上文章的完全版和未刪節版分別收入《黑白膠片的文化時態──1922～1936 年中國早期電影現存文本讀解》（上海三聯書店 2009 年 10 月第 1 版），及《黑棉襖：民國文化中的舊市民電影──1922～1931 年現存中國電影文本讀解》（上下冊，民國文化與文學研究文叢第三編第十一冊、第十二冊，臺灣花木蘭文化出版社 2014 年 9 月版）兩書，敬請參閱。

〔註 3〕 對這一時期左翼電影概念的界定，以及個案讀解和專題討論，請參見拙作《左翼電影的道德激情、暴力意識和階級意識的體現與宣傳──以聯華影業公司 1933 年出品的左翼電影〈天明〉爲例》（載《杭州師範大學學報》2008 年第 2 期）、《電影〈桃李劫〉散論──批判性、階級性、暴力性與藝術樸素性之共存》（載《寧波大學學報》2008 年第 2 期）、《左翼電影製作模式的硬化與知識分子視角的變更──從聯華影業公司出品的〈大路〉看 1934 年左翼電影的變化》（載《蘇州科技學院學報》2008 年第 2 期）、《左翼電影的藝術特徵、敘事策略的市場化轉軌及其與新市民電影的內在聯繫》（以《風雲兒女》爲例的讀解，載《湖南大學學報》2008 年第 3 期）、《變化中的左翼電影：左翼理念與舊市民電影結構性元素的新舊組合──以聯華影業公司 1934 年出品的〈新女性〉爲例》（載《中文自學指導》2008 年第 3 期）、《20 世紀 30 年代中國電影市場和商業製作模式制約下的左翼電影──以《母性之光》爲例》（載《杭州師範大學學報》2008 年第 4 期）、《對市民電影傳統模式的借用和新知識分子審美情趣的體現──從〈體育皇后〉讀解中國左翼電影在 1934 年的變化》（載《浙江傳媒學院學報》2008 年第 5 期）、《城市意識與左翼電影視角中的性工作者形象──1934 年無聲影片〈神女〉的當下讀解》（載《上海文化》2008 年第 5 期）、《民族主義立場的激進表達和藝術的超常發揮──對聯華影業公司 1933 年出品的〈小玩意〉的當下讀解》（載《汕頭大學學報》2008 年第 5 期）、《〈野玫瑰〉：從舊市民電影向左翼電影的過渡──現存中國早期左翼電影樣本讀解之一》（載 2008 年 11 月《文學評論叢刊》第 11 卷第 1 期）、《〈孤

現存的、公眾可以看到的影片文本來看，還有其它類型或形態的電影，譬如
1932 年出現的新民族主義電影〔註4〕，1933 年出現的新市民電影〔註5〕；至於
1936 年出現的國防電影（運動），我視之爲左翼電影的升級換代版，因爲其出
現意味著左翼電影開始走向消亡〔註6〕。

城烈女〉：左翼電影在 1936 年的餘波回轉和傳遞》（載《青海師範大學學報》
2008 年第 6 期）、《中國早期左翼電影暴力基因的植入及其歷史傳遞——以孫
瑜 1932 年編導的〈火山情血〉爲例》（載《河北師範大學學報》2009 年第 5
期）、《電影〈春蠶〉：左翼文學與國產電影市場的結晶》（載《徐州師範大學
學報》2010 年第 4 期）、《20 世紀 30 年代初期中國舊市民電影向左翼電影的
轉型過渡——以聯華影業公司 1932 年出品的〈奮鬥〉爲例》（載《浙江傳媒
學院學報》2015 年第 1 期），以及《1930 年代中國左翼電影的歷史面貌及其
當下意義》（載《學術界》2015 年第 6 期）等，上述文章的完全版和未刪節版
分別收入《黑白膠片的文化時態——1922～1936 年中國早期電影現存文本讀
解》和《黑馬甲：民國時代的左翼電影——1932～1937 年現存中國電影文本
讀解》（上下冊，民國文化與文學研究文叢第五編第二十三冊、第二十四冊，
臺灣花木蘭文化出版社 2015 年版）兩書，敬請參閱。

〔註4〕 以前我又將其稱爲「高度疑似政府主旋律的電影」，當時特指聯華影業公司
1935 年出品的兩部配音片《國風》和《天倫》——對前一部影片的具體討論，
請參見拙作《主流政治話語對 1930 年代電影製作的介入及其藝術轉達——〈國
風〉：中國電影歷史中的「反動」標本讀解》（載《浙江傳媒學院學報》2009
年第 2 期），後一部影片的具體討論，請參見拙作《1933～1935 年：從左翼電
影到新市民電影——用 5 部影片單線論證中國國產電影之演變軌跡》（下）中
的部分內容（載《浙江傳媒學報》2009 年第 6 期）。這兩部影片的具體談論意
見的完全版，均收入《黑白膠片的文化時態——1922～1936 年中國早期電影
現存文本讀解》，敬請參閱批判——現在看來，對於 1937 年抗戰全面爆發前
新民族主義電影的討論，影片實例至少還應該加上聯華影業公司 1934 年出品
的無聲片《歸來》、1935 年出品的配音片《慈母曲》、1937 年出品的兩部有聲
片《人海遺珠》和《新舊時代》（又名《好女兒》）。我對新民族主義電影概念的
進一步說明，請參見拙作《中國早期電影的道德圖解與新電影的生長點——以
聯華影業公司 1931 年出品的無聲片〈戀愛與義務〉爲例》（載《浙江傳媒學
院學報》2014 年第 2 期，人大《複印報刊資料》2014 年第 7 期《影視藝術》
全文轉載）。
〔註5〕 對新市民電影概念的界定以及個案讀解意見，請參見本書其它章節。
〔註6〕 對國防電影的文本讀解及其與左翼電影的交集與界定，請參見拙作《國防電
影與左翼電影的內在承接關係——以 1936 年聯華影業公司出品的〈狼山喋血
記〉爲例》（載《佛山科技學院學報》2008 年第 2 期）、《電影市場對左翼電影
類型轉換及其品質提升的作用——以〈壯志凌雲〉爲例》（載《南京師範大學
文學院學報》2009 年第 2 期）、《〈聯華交響曲〉：左翼電影餘緒與國防電影的
雙重疊加——1937 年全面抗戰爆發之前中國國產電影文本讀解之一》（載《浙
江傳媒學院學報》2010 年第 2 期）、《新電影的誕生是時代精神和市場需求的
產物——以 1937 年新華影業公司出品的〈青年進行曲〉爲例》（載《北京電

　　1937 年 7 月抗戰全面爆發、直至 1945 年抗戰勝利，這 8 年間中國電影的整體走向，就國民政府統治地區而言，左翼電影不復存在，「國統區」的電影，無論私營公司還是國營單位，其製作和屬性都可以納入泛國防電影的範疇，屬於「為抗戰服務」的一部分；淪陷區或敵佔區的電影，現存的、公眾可以看到文本，都支持這樣一個基本事實，那就是它基本屬於新市民電影和新民族主義電影的範疇：前者的例證是張善琨旗下的民營公司產品，以及中華聯合製片股份有限公司（「中聯」）和中華電影聯合股份有限公司（「華影」）的出品，後者的例證，是費穆的幾部作品——新市民電影的主要特徵是文化消費和娛樂至上，新民族主義電影（以《孔夫子》為代表）則是以宣揚傳統文化和民族歷史為己任〔註7〕。單就新市民電影而言，其本質屬性在抗戰爆發前後並無本質不同或改變，1933 年的《二對一》豈能例外？

　　　影學院學報》2011 年第 3 期）、《左翼電影-國防電影與新中國電影的血統淵源——以 1937 年新華影業公司出品的〈青年進行曲〉為例》（載《杭州師範大學學報》2011 年第 4 期）、《《春到人間》：從左翼電影向國防電影的強行轉化——辨析孫瑜在 1937 年為中國電影所做的歷史貢獻》（載《當代電影》2012 年第 2 期）等，上述文章的完全版分別收入《黑白膠片的文化時態——1922～1936 年中國早期電影現存文本讀解》和《黑夜到來之前的中國電影——1937 年現存國產影片文本讀解》（中國廣播電視出版社 2012 年 1 月第 1 版）兩書，敬請參閱。

〔註 7〕新民族主義電影的倫理道德主張和傳統文化理念與新市民電影一樣源自舊市民電影，但它的堅持和出現，既是針對新市民電影世俗娛樂，也是反對左翼電影的社會革命的，所以不能簡單地等同舊市民電影，尤其是在文化理念上與民國政府有高度交集和重合之處的時候。代表人物費穆就是一個典型的例證，從 1935 年的《天倫》，到 1940 年的《孔夫子》，再到 1948 年的《小城之春》，他的態度何曾改變？

丑、《二對一》為什麼不是左翼電影？

1949 年後，代表中國大陸官方意志的集體主編著作《中國電影發展史》在談到明星影片公司 1932 年之後「面貌一新」的電影創作時，首先突出強調這種變化的根源是「左翼文藝工作者」的加入 [5] P201，而這種做法，又是「根據黨的地下組織指示」的結果 [5] P200；因此，提及《二對一》時，又特別強調，因爲「曾得到編劇委員會的很多幫助」，所以這部體育題材的影片，才能夠在「描寫業餘足球生活、渲染愛情波折的故事裏，增添一些有益的內容。完成的影片，雖然不如理想，但仍在一定程度上揭露了資產階級體育商業化的醜惡，並且在最後國際比賽的一場戲裏，通過外國足球隊和它的代理人企圖以金錢收買中國足球對的陰謀的失敗以及中國足球隊員努力贏得這場比賽勝利的描寫，多少表達了一些民族的、愛國的感情」[5] P225。而後來其它的研究者或研究專著當中，對《二對一》幾乎不見提起。

影片鋪設了一條本國球隊和外國球隊比賽的線索，比喻民族利益和爲國爭光這麼一個大是大非問題。但影片的主題，是這些本國球員和身邊一大堆交際花之間的感情糾葛；其中一個交際花還給包括觀眾在內的人們講了一番

愛國的大道理。上述這些涉及「大是大非」和「大道理」，僅僅是對左翼電影元素的借用，根本不具備左翼電影的階級性、暴力性和宣傳性等基本特質。左翼電影的宣傳性在於其新的理念的傳播，以及替弱勢群體發聲、反抗主流價值觀念，階級性包括人物的階級定位，以及由此引發的階級矛盾和對立，並以暴力的形式體現出來。

就人物的階級性而言，《二對一》中所有的人物不僅是有錢人，而且還都是帥哥美女；暴力性無從談起，僅僅是衝突的設置：本國的「華夏之光」與外國的「友聯」球隊的比賽。「華夏」指代中國，其意義人所共知，而對方的球隊取名「友聯」，顯然與當時已然歇業兩年的「友聯影片公司」（1925～1931）無關，而是暗喻當年在中國問題上偏袒日本的「國聯」（「國際聯盟」，1920～1946，聯合國的前身）。而這種比喻，月明影片公司在同一年出品的左翼電影《惡鄰》已經用過了。由此可見，《二對一》中的這些元素，源自對左翼電影有條件的抽取借用：迎合市場和觀眾對於時政信息的索取。至於新理念的傳播，其實是新市民電影價值認證體系的自我體現。

丙、與《二對一》同年度的新市民電影範本特徵

「明星」公司 1933 年出品的影片，現今公眾能看到只有《脂粉市場》和《姊妹花》。將其與《二對一》放在一起稍加比較就會發現，這三部影片從內容到形式同出一轍，那就是都借助了左翼電影的思想元素以擴大市場影響，基本上體現了「明星」兩位創辦者和領導人張石川、鄭正秋緊跟時代潮流，同時又保持自我品質的製片理念。

《姊妹花》是中國有聲電影史上的第一個高票房電影，影片涉及的階級性──孿生姐妹一母同胞，但卻因為美醜有別形成窮富對立──這正是

左翼電影最擅長的市場賣點之一；但《姊妹花》之所以不是左翼電影，是因為富家姑奶奶死於與偷東西的窮保姆扭打時發生的偶然事件——並非有意識地使用暴力；最終窮姐姐和白富美妹妹灑淚相認，帶著老母親一走了之。而這些，正是新市民電影的內在品質：維護社會主流價值，排斥左翼暴力思維；對社會有所批評，但持保守立場；拒絕激進，反對革命；以人性取代階級性。

　　《脂粉市場》也是同一路數，也講窮人和富人鬥智鬥勇的世俗故事；有階級性，但抽去了暴力性，有社會性，但不支持革命性。年輕貌美的女主人公入職百貨商店後，因為拒絕少東家和頂頭上司的潛規則，最後憤而辭職自立門戶，過上自尊、自立、自強的新生活。這就是新市民電影對待社會問題的機巧之處，因為同樣是無產階級美女拒絕資產階級淫蕩老爺的威逼利誘，左翼電影《桃李劫》中女主人公的下場，就是很快死於疾病貧窮。在這方面，迄今沒有向民眾公映的《二對一》也是如此：將一場球賽與民族尊嚴相關聯，借交際花之口，對男隊員們曉以大義，最終振奮了球隊精神，以二比一戰勝對手——又是皆大歡喜的收場。

新市民電影之所有會如此處理主題和題材，其深層原因是，向外，承襲了外國電影尤其是好萊塢電影的文化娛樂精神和即時消費特質；向上，繼承了 1910 年代以來中國舊電影，即舊市民電影對傳統道德和倫理綱常的維護，用鄭正秋的話說，就是負有「教化社會」[5] P58 之責。但新市民電影的這種繼承和維護，就像對左翼電影思想的抽取一樣，是有前提、有條件的。《脂粉市場》、《姊妹花》和《二對一》就是這樣：一方面，抽取左翼電影思想元素，把時尚的女性獨立意識和民族性、階級性的顯性話題元素放置進去，迎合了時代發展尤其是觀眾的心理訴求和市場需求；另一方面，始終堅守自身內在品質的維度——這與其說是新市民電影與左翼電影有所區別的特徵，不如說是二者只能分道揚鑣的根本原因。

就《二對一》而言，影片的主題，其實是球星生活與交際花生活交集構成的都市奇觀景象，最終形成的是世俗化的、供以消費的娛樂文化。影片中的所謂中外球隊比賽只是一個噱頭，也就是塗抹的左翼色彩，真正的看點非常明確，一個是看這幫球星過著什麼樣的生活、怎麼樣去比賽，一個就是圍繞著這些男人的交際花。所謂幾對戀愛線索，今天來看很低級，但在當時力道已經足夠。因為就演員陣容而言，「明星」的男明星幾乎全體上場：王獻齋、龔稼農、鄭小秋、王徵信、尤光照、梅熹，以及當時名不見經傳的趙丹；女明星除了胡蝶，也幾乎是滿員出鏡：宣景琳、艾霞、高倩蘋、嚴月閒、朱秋痕、顧梅君、顧蘭君。這些男女明星眼花繚亂的視覺堆砌，事實上又烘托出影片的第三個看點，那就是傳說中的明星生活。

如果說主題和題材是《二對一》的市場營銷核心，那麼，影片的形式就是賣相。事實上，新市民電影的賣相一直很有檔次，下延到客戶端也就是觀眾口碑，就是很好看、好好看。其具體操作，就是我以前一直強調的、新市民電影的第二大特徵：奉行新技術主義製片路線。

在 1930 年代初期中國電影有聲化時代來臨時，當時的三大製片企業當中，總體態度最積極的是天一影片公司，因為它的市場主要在南洋；最保守的是聯華影業公司，因為它的放映網大部分是無聲影院；明星影片公司雖然說是「比較中間」[5] P159，但卻是最早嘗試製作有聲電影的兩家公司之一，時間是 1930 年 [5] P161～162。「明星」的這種態度其來有自，從 1922 年成立就認定「處處惟興趣是尚」[5] P57、以市場需求為導向的宗旨。現存的、公眾可以看到的 1930 年代的「明星」公司的影片，全部是有聲片，而同時期的「聯華」公司直到 1934 年還在出品無聲片，第一部有聲片《浪淘沙》的出品時間更是遲至 1936 年〔註8〕。

丁、《二對一》的準歌舞片音樂配置模式

正因為如此，《脂粉市場》、《姊妹花》和《二對一》三部影片的音響（聲音和音樂）配置本身，就是含金量極高的賣點和亮點。譬如，《脂粉市場》的片頭字幕是「音樂全部對白四達通有聲影片」，《姊妹花》打出的是「全部對白歌唱有聲巨片」，最猛的要算《二對一》的廣告：「全部對白歌唱體育有聲巨片」。不要笑話或鄙視當年中國電影這種自我標榜的片頭字眼和廣告思維。這是因為，首先，三部影片的片頭音樂時長依次 1 分 33 秒、1 分 17 秒和 1 分 07 秒，對於剛剛經歷了無聲片時代的觀眾來說，這種視聽一體的結合，其感受非同以往；更讓人驚訝的是，《二對一》的片頭音樂與《姊妹花》的一模一

〔註8〕 在此之前的「聯華」公司採取了一個折中的製片策略，就是出品成本遠低於完全有聲片的「配音片」。對《浪淘沙》的具體討論，祈參見拙作《新浪潮——1930 年代中國電影的歷史性閃存——〈浪淘沙〉：電影現代性的高端版本和反主旋律的批判立場》（載《南京藝術學院學報－音樂與表演》2009 年第 1 期，此文的完全版收入《黑白膠片的文化時態——1922～1936 年中國早期電影現存文本讀解》），敬請參閱。

樣，都是進行曲曲式，只是配器稍有不同而已——這是否意味著，「明星」公司一度有用統一的片頭麯作為產品音樂標配的考量？

其次，有聲技術的使用，意味著從硬件上保證了電影可以和必須大量使用和配置歌舞元素，以追求視聽語言的同步性與完美性。從文化史的角度上看，1920 年代中國流行音樂、尤其是上海流行歌曲的成熟與發達，直接為電影的音樂歌舞的調配提供了便捷的對接端口和豐富的人員、產品和市場取用資源。也正因如此，就不難理解，為什麼《脂粉市場》中每一個片段的轉場，甚至是臺詞字幕的出現，幾乎都要使用節奏那麼強烈的音樂過渡和烘託。同時也就不難明白，為什麼除了片頭和片尾節奏鮮明的樂曲，《姊妹花》幾乎再沒有音樂配置——影片傳奇性的故事本身就和抓人，何況胡蝶一人飾演兩個角色也極具視覺衝擊力。

至於《二對一》，由於女交際花的角色和戲份眾多，因此，長達 13 分 43 秒、音樂歌舞表演占總片長的 17%的結構比例就是勢所必然、理所應當了——從這個意義上說，《二對一》是一個準歌舞片，是上海「孤島」電影和淪陷區電影時代歌舞片的濫觴。《二對一》中具體的歌舞場景與時長分配如次：

　　00：00～01：03，片頭音樂：1 分 03 秒；01：04～01：28，啦啦隊歌舞：24 秒；4：46～05：42，休息室電唱機音樂：56 秒；15：54～16：12，跳交際舞：18 秒；18：15～20：48，跳交際舞：2 分 33 秒；20：48～21：25，樂隊演奏：37 秒；21：26～24：02，交際花獻唱：36 秒；24：12～25：32，配樂：1 分 20 秒；28：55～29：15，跳交際舞：20 秒；31：23～32：09，跳交際舞：46 秒；60：02～64：17，交際花獻唱：4 分 19 秒；66：57～67：15，啦啦隊歌舞：19 秒；78：39～78：54，啦啦隊歌舞：15 秒。

　　即使是 1980 年代的中國大陸社會，可供普通民眾作為文化消費的音樂資源也不及 1930 年代的電影觀眾。因為在傳播條件和傳播媒介基本等於沒有的那個年代，普通人家不會有收音機和電唱機，電影消費雖然普及，但可供消費的音樂資源稀缺，能夠現場欣賞音樂和歌舞人群更是只有少數，何況這種消費具有一過性的局限。因此，無論是 1930 年代有聲電影剛剛來臨的時代還是幾十年後，影像與音樂的結合呈現，視聽感受是雙重的，一定程度上等於有圖像的唱片。更何況，觀眾能看到球賽現場和女明星歌舞，所以，現今看起來影片中的很多閒筆，卻是當年含金量足夠高的一個賣點。

新市民電影之所以能在1933年出現，一個直接的原因對左翼電影思想元素有條件地抽取、借助。有條件就是有限度，否則就是左翼電影而不是新市民電影了；有條件地抽取、借助，是其自身的性質決定的，「左翼文藝工作者」的加入僅僅是一個外在原因而不是主要的內在因素。

《二對一》這部以資產階級帥哥美女爲人物的「黃金組合」影片，之所以在1990年代以後的中國大陸電影史研究中不被提起，也就是不被重視，最重要的人爲原因是，1960年代的《中國電影發展史》沒有將其歸入左翼電影序列，自然只能得到差評──強差人意。現在看來，這正是因爲影片應該歸屬新市民電影的資質證明。

其次，從文本的角度看，大比例的音樂歌舞元素配置，也是不能進入在研究者視野當中的有一個原因。單從電影歌曲（插曲）的角度上說，左翼電影中的歌曲，往往是其主題思想的延伸或外化，基本上融階級性、暴力性和宣傳性於一體。譬如，《新女性》（1934）中《新的女性》、《桃李劫》（1934）中的《畢業歌》，以及《風雲兒女》（1935）中的《義勇軍進行曲》等等──而你能從《二對一》中的歌曲中嗅出的，只能是世俗氣息而不是革命味道，不是嗎？

戊、結語

歷史的書寫，至少在很長一段時期裏，被規定必須具有指定的意識形態立場和統一口徑的話語體系乃至用詞模塊，1949年以後中國大陸對中國電影發展史的書寫歷程就是如此，現在還未完全終止、仍舊產生慣性影響。但1990年代以後，越來越多的研究者已經意識到，罔顧歷史事實的一元化思維定式已是窮途末路，行之不遠。有人說，一切歷史都是當代史。這話有相當的道

理，但卻有個必要的應用前提，那就是首先得尊重歷史，至少要盡可能地回到歷史語境、盡可能地重溫歷史風貌，哪怕是不完整的景象、不多的實證文本。只有如此，客觀性前提下的主觀性才能存在和確立〔註9〕。

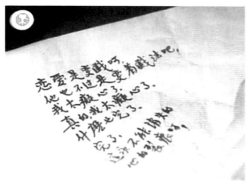

　　沒看到《二對一》的影片文本之前，根據不多的文字資料，我大致判斷影片應該屬於新市民電影形態；看後果然不出所料。一個看法或觀點，提出很容易，但能得以實證檢驗不容易。之所以強調實證，一個主要原因是，從1949年以後確立的、運用許久的中國電影史研究框架和標準，實踐證明已經基本失去理論價值和指導意義，譬如所謂「進步的」或「落後的」，「革命的」或「反動的」，甚至是「色情的」影片，今天誰還會這麼評判、使用？沒人會說這個電影好看是因為它是進步的，不好看是因為它是落後的〔註10〕。

〔註9〕　當然，百分之百客觀是不可能的：能做到的只有神。很多時候神都做不到。
　　　　很多人願意當神，我覺得很奇怪。
〔註10〕很多時候，恰恰是因為被以往的研究認定為「落後」甚至是「色情」之作，
　　　　大家才爭相觀看，而且不吝讚美之詞。譬如，程季華主編的《中國電影發
　　　　展史》，就對上海影戲公司1927年出品的無聲片《盤絲洞》點名批判，稱
　　　　影片的拍攝本身就是「出於投機目的」，「內容都幾乎充滿封建毒素，藝術
　　　　處理更是粗製濫造、惡俗不堪」，「大賣色情」[5] P89。不幸的是，這部得到
　　　　如此惡評的影片拷貝，於2013年在挪威被偶然發現，並於2014年修復後
　　　　贈送北京的中國電影資料館，接收方稱之為「國寶級影片」（孫向輝：《序
　　　　言》，載《盤絲洞1927》，中國電影資料館編，世界圖書出版公司北京公司
　　　　2014年版，第7頁），學者盛讚其「哲理」蘊含與「美的表現」（李道新：
　　　　《融畫入影與哲理探尋：但杜宇電影「美」的表現及其歷史貢獻》，出處同
　　　　前，第71頁）。

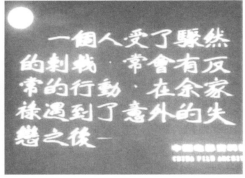

　　1930 年代初期中國電影有了新、舊電影之別，這已經是學術界的共識。但另一方面，一個「舊電影」的稱謂或劃分，不足以釐清和說明其「舊」的本質，因為「舊」並不是只有落後或過時，甚至反動的單一品質，必須給予歷史的、科學的、實證的深入研究和言說，所以才有舊市民電影之說。對新電影的認知也是如此，所以才有左翼電影和國防電影之外的新市民電影、新民族主義電影的提出和區分。

　　這種努力，顯然並非為了提出觀點而提出、為了流派或類型而區劃，而是為了盡可能完整地呈現中國電影歷史發展脈絡，回歸實事求是的理論研討。更深層次的道理其實很簡單：中國電影的發展既是歷史的、也是常態的，那就是複雜、多元的面貌，絕不可能是單一一種或者截然對立的兩種面目。《二對一》是如此，再有「新發現」的舊影片，只要將其歸入更合理的定位框架，就不難窺見和復原其歷史文化站位。如謂不信，請用更多的「新」文本檢驗。可乎？

己、多餘的話

子、《二對一》為什麼在整體上不招「電影史研究」的待見？

表面的原因自然是因為影片沒有被歸於左翼作品，但深層原因在於人事。譬如無論是編劇王乾白，還是導演張石川，都不是1949年以後中國大陸意識形態所認可的「左翼陣營」成員，也就是不屬於所謂的「進步力量」，至多，他們的某一方面或他們的某一作品的某一方面，甚至是某一點，有些「進步傾向」，或「多少表達了一些民族的、愛國的感情」[5] P225 而已——《二對一》得到的肯定，不就是這些嗎？但就是這些「好評」，還是因為並列導演沈西苓的關係，因為其本人不僅一直被認為是左翼人士，更重要的是，他編導的《女性的吶喊》，根據的是夏衍提供的材料 [5] P214；他導演的《上海二十四小時》，編劇是夏衍 [5] P217。而在一定程度上說，1960年代初期成書的《中國電影發展史》，實際上是政黨意志和派別意識在電影研究領域的直接體現。

譬如形成這部著作的指導者或曰主宰者，都是當年「左翼陣營」的領導者和核心成員：文化部部長茅盾（1949～1964）、主管電影的副部長夏衍（1954～1964）、戲曲改進局局長兼藝術事業管理局局長的田漢（1949～1964），以及政務院文教委員會委員兼副秘書長、總理辦公室副主任、中國文聯副主席、秘書長等職的陽翰笙（1949～1964），還有文化部副部長兼中共中央宣傳部副部長、全國文聯副主席的周揚（1949～1964）等。這本著述與其說是執政黨意志的體現，倒不如說，執政黨意志通過1930年代左翼人士所代表的權力地位和權力機構對歷史做出的判定，因此它必定打上了非常鮮明的集團偏見甚至宗派好惡的烙印。

丑、新市民電影為什麼後來居上？

新市民電影雖然比 1932 年的左翼電影晚 1 年出現，但 1937 年以後的中國電影史卻一再證明新市民電影的頑強和生生不息。即使是抗戰全面爆發以後，包括上海「孤島」時期和淪陷區在內的電影，也未曾禁絕新市民電影的存在，相反卻是一片繁榮多產的景象，這是國統區電影不可比擬的一點——翻檢一下現存的、公眾可以看到影片就會發現，恰恰是在上海「孤島」時期和淪陷區時代，新市民電影不僅大行其道、成為主流電影，而且中國電影的歌舞元素配置比例被提升到一個空前的高度。其實這個道理也很簡單，那就是，戰爭爆發了，但生活還在繼續——如果沒有人看電影，那就不會有電影生產——那麼，在敵我對峙的戰爭年代，什麼電影有市場？顯然，只有那種不正面介入意識形態表述，不推行和執政者對著幹的電影才能夠生存下去。

從一開始，新市民電影就具有這種天然的變身能力：當舊市民電影因為不能滿足民眾對時政信息需求的時候，左翼電影興起，而新市民電影即時抽取左翼電影思想元素趁勢而起；當左翼電影—國防電影在淪陷區無從容身的時候，新市民電影就回歸併側重放大其世俗時尚和文化娛樂元素——不談政治則風月無邊、市場廣闊。這是新市民電影最厲害的一點。左翼電影最厲害的一點，就是看似風月無限，其實是政治主題先行——講政治的電影有時候是非常好看的，前提是你能看得懂。譬如 1948 年的新民族主義電影《小城之春》，又譬如 2007 年的新左翼電影《太陽照常升起》，內中的政治立場和意識形態意味就非常鮮明和濃鬱〔註 11〕。

〔註 11〕 對《小城之春》的討論我雖然已經完成個案讀解但迄今尚未發表，敬請關注；對《太陽照常升起》的討論，請參見拙著《新世紀中國電影讀片報告》（中國傳媒大學出版社 2014 年版）第七章：《〈太陽照常升起〉——歷史射進現實》。

寅、1949年後新市民電影的走向與民國－香港電影

就現存的、公眾可以看到的出品於1945～1949年的影片而言，一般觀眾熟悉的，或是影響比較大的，大都屬於新市民電影序列，譬如崑崙影業公司出品的《八千里路雲和月》（1947）、《一江春水向東流》（1947）、《萬家燈火》（1948），文華影業公司出品的《不了情》（1947）、《太太萬歲》（1947）、《哀樂中年》（1949）等。1949年以後，中國電影的主流，也就是大陸觀眾一般印象中的民國電影落腳何處？顯然，沒有留存在大陸，也沒有去往臺灣，而是南下香港並落地生根，成為文化南遷的一個必要組成。

有必要提及的是，至少到1960年代，香港的社會結構才從完成從難民集散地向移民社會的轉型，完全意義上的本土化應該是1970年代前後。所以，你看任何一部1970年代之前的香港電影，就會發現其精神氣質與藝術表現與1940年代的中國電影最為接近、相似乃至雷同。這是因為，從電影的生產發行直至市場甚至觀眾，具體地說，編、導、演，乃至新老影迷，基本上都是從內地過去或是看1949年前中國電影長大的人群。尤其是武打片，甚至還頑強保留著1920年代武俠電影的風韻，只不過增添了色彩，本質上了無區別。就這個意義上說，香港電影是民國電影的正宗傳承者。

卯、為什麼民國電影精神沒能體現在 1970 年代之前的臺海兩岸？

這個問題是從香港電影那裏延伸而來。大致說來，1949 年以後，遷至臺灣的，除了中華民國政府，還有《中華民國憲法》的附屬條款《動員戡亂時期臨時條款》，這條比《憲法》地位還高的法外之法，實施於 1948 年，廢止於 1991 年[10]。在這種政治壓迫高於一切的前提下，電影自然只能具有為獨裁政治服務，用以「教育人民、打擊敵人」。在此情形下，純粹的文化娛樂無法在電影中容身，市民電影，無論新舊，也就均無從談起。不過，由於臺灣當局始終與美國電影文化有著歷史的和現實的深厚淵源，因此，1970 年代「瓊瑤電影」興起之後，臺灣電影很快就從整體上恢復了與 1949 年前中國電影尤其是新市民電影的對接語境，也就是說，電影開始從意識形態的消費回歸電影的商業本體──文化娛樂當然是其最重要的功能。

大陸這邊的電影，大致也是類似發展過程，只不過其中的變化比海峽那邊晚了十年左右，波折更為複雜。從 1980 年代中期對主流意識形態另類表達的「第五代導演」，到 1988 年根據王朔小說改編的四部影片（《一般是海水一半是火焰》、《頑主》、《大喘氣》和《輪迴》）的出現，大陸電影基本完成了從所謂「商業電影」到新左翼電影的氣質性轉變，開始回歸民國電影也就是中國電影的正

道——從「王朔電影」中，你可以輕而易舉地發現對主流意識的閃避、反叛、質疑乃至否定，譬如在天安門廣場的實拍鏡頭，以及對國旗下哨兵的調侃……民眾對意識形態的淡漠其實是發生質變的前兆，雖然在 1 年後歸於寂滅，但卻為 1990 年代的新左翼電影，也就是第六代導演的全面崛起夯實了根基〔註12〕。

因此，對 1930 年代左翼電影、新市民電影和新民族主義電影的形態分類和理論歸納，意義和價值並不在於其體系或系統能否成型或成立，而在於其對前後一百年來的中國電影創作和歷史源流的廓清與認定。譬如第六代導演的代表作品幾乎都會出現性工作者的形象，其源頭都可以追溯到 1934 年的《神女》；而 1949 年之後中國大陸「紅色經典」電影的諸多特徵如階級性、暴力性和宣傳性，又是 1930 年代左翼電影的隔代遺傳和片面放大。

辰、體育場看臺和比賽場地以及幕後操盤手

對我而言，《二對一》是印證新市民電影的又一個新增證據。除此之外，影片中的兩處細節也讓我倍感親切。影片中幾次出現現場比賽的場景，其中既有從新聞影片中的場景借用，又有現場擺拍的片段，也就是紀錄片和故事片相似場景的混用。在 1930 年代在中國電影中，這樣的手法很是常見，更重要的是，當時的觀眾對此並不挑別，因為能夠在銀幕上看一場足球比賽，與在現場觀賽同樣感覺興趣盎然，甚至更覺新鮮。我更感興趣的是觀眾坐的水泥看臺和土質比賽場地，因為看上去特別親切。

1970 年代我所在的省會城市就有這樣的體育場，（包括露天籃球場），看臺是夯土堆成，用磚砌成的外牆牆體，對著跑道的內側是一層層的水泥看臺。

〔註12〕 對第五代導演代表作品的討論，請參見拙作：《1980 年代第五代導演的視覺革命與藝術貢獻——以 1987 年的〈紅高粱〉為例》（載《長江師範學院學報》2010 年第 2 期），對第六代導演代表作品的討論，請參見拙作《新世紀中國電影讀片報告》各章。

這麼多年了，我始終記得那些歷經風吹日曬的水泥看臺，夏天坐上去暖呼呼、乾乾淨淨，雖然多天坐上去屁股著涼。就公共體育設施的建築材料而言，我始終認爲水泥是最好的選擇，然後與土質比賽場地搭配——塑膠跑道是最反人文的僞科學的體現。

影片當中的球隊比賽，雖有虛擬的故事成分，但卻有堅實的現實基礎，那就是背後操控比賽成績的操盤手——就此而言，你會發現這個故事編得一點都不過時。電影行業與現代體育項目一樣，從一開始就與黑社會相伴而生，因爲，裏面有著鉅額數字的利益交涉……。《二對一》裏面賭博的金額是一萬塊錢（元），現今的數額恐怕是數以億計，世界級別的那得是三位數以上的億了。爲錢瘋狂的時代，並不是限於當下。

巳、為什麼不讓更多的人看到更多的被封存的民國電影？

實際上，（北京）中國電影藝研究中心和（北京）中國電影資料館封存的那些 1949 年前的中國電影，即使是他們自己的研究生，也不見得人人有興趣或者都願意花時間觀摩，更遑論學術研究。但對於廣大民眾，尤其是機構外和系統外的其它科研院校的專業研究人員，這些影片卻是非看不可的參閱文本。即使不是出於科研目的，也應該對公眾開放，任其自由檢索。因爲按照憲法規定，北京的中國電影資料館的一切都屬於全民所有，不是哪個單位、哪個系統或官長用來謀取利益的私有財產。因此，無論是從尊重法律的層面還是從學術資源共享的角度，都不應該「閉」館「鎖」片，因爲這是違憲行爲。

他們的學生曾一再對我說，這些片子他一輩子都不會看第二次。我很理解這種感覺，因爲世界上沒有非看不可的電影，因爲人的精力和時間有限；但同時，世界上還有非看不可的影片，因爲除了經典，還有爲學術研究服務的資料性可言。而這次我有幸看到的《二對一》，就再一次從新的文本實證的角度，證明了新市民電影的存在和發展：因爲這是與左翼電影不同的電影

形態，與所謂「優秀」、「進步」，或「反動」、「落後」無關，只與 1930 年代的中國電影歷史面貌有關。這個意見可能不是所有的人都同意，那麼，是不是應該無條件地讓更多的人看到更多的被封存的民國電影？〔註 13〕

初稿日期：2012 年 10 月 26 日
二稿日期：2015 年 8 月 11 日～26 日
圖文修訂：2016 年 2 月 1 日～2 日

參考文獻：

〔1〕 饒曙光，關於深化中國電影史研究的斷想〔J〕，當代電影，2009（4）：72。

〔2〕 酈蘇元，走近電影，走近歷史〔J〕，當代電影，2009（4）：63。

〔3〕 紫雨，新的電影字現實諸問題〔N〕，北京：晨報「每日電影」,1932-8-16//
三十年代中國電影評論文選〔M〕，北京：中國電影出版社，1993：586。

〔4〕 鄭君里，現代中國電影史略//近代中國藝術發展史〔M〕，上海：良友圖
書印刷公司，1936//中國無聲電影（四）〔M〕，北京：中國電影出版社，
1996：1385。

〔5〕 程季華，中國電影發展史：第 1 卷〔M〕，北京：中國電影出版社，1963。

〔6〕 李少白，中國電影史〔M〕，北京：高等教育出版社，2006：57。

〔7〕 陸弘石，舒曉明，中國電影史〔M〕，北京：文化藝術出版社，1998：41。

〔8〕 丁亞平，影像時代——中國電影簡史〔M〕，北京：中國廣播電視出版社，
2008：51。

〔註 13〕 本章收入本書前，文字的主體部分（不包括己、多餘的話）約 8000 字，曾以
《與左翼電影分道揚鑣的新市民電影——以 1933 年出品的〈二對一〉為主要
分析案例》為題，先行發表於《浙江傳媒學院學報》2015 年第 5 期。本章所
有圖片均為影片截圖，且特為此次成書時選配。特此申明。

〔9〕李道新，中國電影文化史〔M〕，北京：北京大學出版社，2005：145。

〔10〕〈百度百科〉動員戡亂時期臨時條款：http：//baike.baidu.com/view/
943846.htm。

Internal Quality And External Form Distinguish New Citizen Film from Left-wing Film —— Two to One （1933）：The Third Sample of New Citizen Film Analysis

Read Guide：New film genres in early 1930s'China, besides Left-wing Film born in 1932, include New Citizen Film born in 1933. New Citizen Film borrows recreation spirit and instant consumption characteristics from foreign films, especially Hollywood films, also inherits traditional moralities and ethics from 1910s' Chinese films. Meanwhile New Citizen Film absorbs Left-wing Film's ideas conditionally and limitedly, uses popular women independent thoughts, national characters, and class awareness to appeal times, especially audience psychological needs and market demands. Cosmetics Market, Twin Sisters, and Two to One, produced by Star Film Company, illustrate the point. Internal traits and external forms of New Citizen Film are distinguishable features separating it from Left-wing Film, and cause it to survive in 1960s Hong Kong films. As for Two to One, the theme of the film reflects a marvelous city spectacle by interweaving a football star's and a social butterfly's life. Chinese and foreign football teams are only a gimmick. The focus is the star and the butterfly. The strategy that many male and female stars appeared in the film is a result that New Citizen Film follows new technological production lines.

Key words：Left-wing Film；New Citizen Film；Cosmetics Market；Twin Sisters；Two to One；songs and dances；

第肆章 《女兒經》（1934 年）——依託舊電影的新賣點

閱讀指要：

　　所謂新市民電影，就是 1930 年代初期在繼承舊市民電影傳統的主題思想和藝術元素的同時，即時吸收新興的左翼電影思想元素的新電影形態之一。新市民電影既對舊市民電影中的道德觀念、人物類型風格和藝術表現手法多有保留，又有條件、有限度地借用左翼電影中經常出現和使用的新理念、新人物，從而形成了新的市場賣點。1934 年，明星影片公司排出最強陣容、傾其全力打造的新潮大片《女兒經》，是由八個相對獨立但又有一條線索牽連的超長影片。影片不僅文戲武戲兼備，而且每個故事都基本圍繞兩性關係展開，編得花團錦簇、針腳細密，演得聲情並茂、絲絲入扣，極具新市民電影的審美情趣特色和市場定位模式特徵。

關鍵詞：舊市民電影；新市民電影；「明星」公司；敘述策略；左翼元素；市場賣點；

專業鏈接1：《女兒經》（故事片，黑白，有聲），明星影片公司1934年出品，（1934年10月10日完成上映）。VCD（三碟）時長：157分54秒。

>>> **編劇**：編劇委員會；**導演**：李萍倩、程步高、姚蘇風、吳村、陳鏗然、沈西苓、徐欣夫、鄭正秋、張石川；**攝影**：董克毅、王士珍、彥秉衡、周詩穆、陳晨。

>>> **主演**：胡蝶、宣景琳、夏佩珍、嚴月閒、顧蘭君、高倩蘋、梅熹、袁紹梅、徐來、徐琴芳、袁曼麗、鄭小秋、高占非、王獻齋、龔稼農、尤光照。

專業鏈接2：原片片頭字幕及演職員表字幕（標點符號爲錄入者添加）

全體合作有聲對白歌唱鉅片。《女兒經》。上海明星影片公司出品。

編劇：編劇委員會；攝影：董克毅、王士珍、嚴秉衡、周詩穆、陳晨；

置景：經禮庭、董天涯、楊鏡心；助理：淩錦棠、吳亞青、蔣東聲；

收音：何兆璜、何兆璋、何懋剛；印接：顧友敏、黃生甫；

卡通：萬籟鳴、萬古蟾、萬超塵。

導演：李萍倩、程步高、姚蘇風、吳村、陳鏗然、沈西苓、徐欣夫、鄭正秋、張石川。

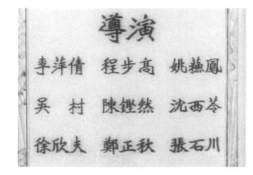 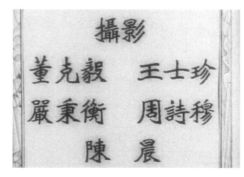

演員表（以出場先後為序）：

胡　蝶——胡　瑛，高占非——高國傑，嚴月閒——嚴　素，
宣景琳——宣　淋，朱秋痕——朱　雯，嚴工上——校　長，
夏佩珍——夏　雲，王獻齋——王惠壽，傅境秋——惠壽之母，
王慧娟——宣淋弟婦，柳金玉——宣淋之嫂，龔稼農——龔少銘，
舒繡雯——舞　女，畢　虎——嚴素之弟，黃耐霜——交際花，
顧蘭君——女書記，高倩蘋——高　華，徐莘園——高華之父，
朱秋白——婢　女，沈金芳——高華之母，□□□……□□□□，
高步霄——百貨店店員，梅　熹——百貨店店員，
董湘蘋——百貨店店員，洪　鏞——百貨店店員，劉托天——顧　客，
葉良德——顧　客，孫敬——顧　客，王夢石——百貨店經理，
袁紹梅——朱雯女友，張敏玉——朱雯之妹，沈　駿——朱雯之弟，
□□□……□□□□，王吉亭——富少年，徐　來——徐　莉，
徐琴芳——徐　玲，蕭　英——蕭文翰，張瑞芬——女　僕，
趙　丹——趙希英，陳娟娟——夏雲之女，譚志遠——鄰　人，
朱孤雁——播音主任，王徵信——徐莉男友，胡　笳——女　婢，
□□□……□□□□，李　清——徐莉男友，鍾懿——侍　衛，
吳萬祥——流　氓，馮志成——流　氓，唐巢文——捕　頭，
陳毅亭——巡　捕，張泊痕——徐莉男友，鄭小秋——鄭忠俠，
袁曼麗——女　僕，尤光照——衛隊長，朱少泉——副衛隊長，
□□□……□□□□。

專業鏈接 3：鏡頭統計

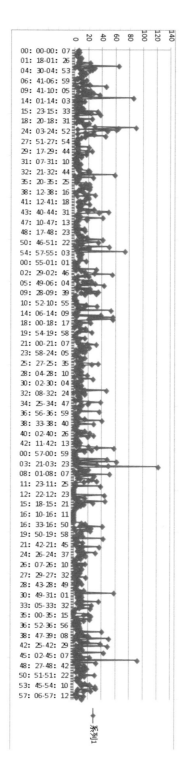

說明：《女兒經》全片時長 157 分 54 秒，共 774 個鏡頭。其中：

甲、小於和等於 5 秒的鏡頭 291 個，大於 5 秒、小於和等於 10 秒的鏡頭 177 個，大於 10 秒、小於和等於 15 秒的鏡頭 102 個，大於 15 秒、小於和等於 20 秒的鏡頭 55 個，大於 20 秒、小於和等於 25 秒的鏡頭 43 個，大於 25 秒、小於和等於 30 秒的鏡頭 26 個，大於 30 秒、小於和等於 35 秒的鏡頭 26 個，大於 35 秒、小於和等於 40 秒的鏡頭 13 個，大於 40 秒、小於和等於 45 秒的鏡頭 9 個，大於 45 秒、小於和等於 50 秒的鏡頭 7 個，大於 50 秒、小於和等於 55 秒的鏡頭 6 個，大於 55 秒、小於和等於 60 秒的鏡頭 7 個，大於 60 秒、小於和等於 65 秒的鏡頭 6 個，大於 65 秒、小於和等於 70 秒的鏡頭 1 個，大於 75 秒、小於和等於 80 秒的鏡頭 1 個，大於 80 秒、小於和等於 85 秒的鏡頭 0 個，大於 85 秒、小於和等於 90 秒的鏡頭 1 個，大於 90 秒、小於和等於，95 秒的鏡頭 2 個，大於 95 秒、小於和等於 100 秒的鏡頭 0 個，大於 100 秒、小於和等於 102 秒的鏡頭 0 個，大於 105 秒、小於和等於 110 秒的鏡頭 0 個，大於 110 秒、小於和等於 115 秒的鏡頭 0 個，大於 1115 秒、小於和等於 120 秒的鏡頭 0 個，大於 120 秒、小於和等於 125 秒的鏡頭 1 個，大於 125 秒的鏡頭 0 個。

乙、片頭鏡頭 14 個，片尾鏡頭 1 個：字幕鏡頭 14 個，其中交代劇情的鏡頭 0 個，交代人物鏡頭 0 個，對話鏡頭 0 個。

丙、固定鏡頭 629 個，運動鏡頭 130 個。

丁、遠景鏡頭 33 個，全景鏡頭 58 個，中景鏡頭 296 個，近景鏡頭 182 個，特寫鏡頭 190 個。

（圖表製作與數據統計：李棄雄）

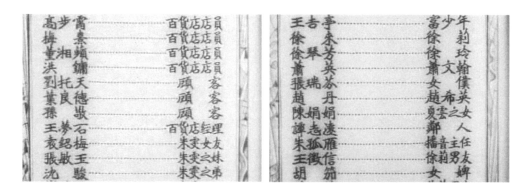

專業鏈結 4：影片經典臺詞

「咱們在讀書的時候，總想不到會分開的，可是一分開就過了十年了，十年十年，就像一個神奇的夢，真太快了」。

「哎，我說，你把這當家裏呀還是當旅館呀？就是旅館的話三天五天也得結回賬，你老不回來，叫我怎麼辦呢？」──「啊？難道說叫我成天地呆在家裏陪著你嗎？哼！這真是笑話！」──「我沒叫你成天的陪著我呀，我也沒有這麼大的福氣。難道說你晚上也不應當回來嗎？」──「我，我要回來的時候就回來，你管不著！」──「當然了，本來誰也管不了誰！」──「那你多說什麼廢話呢？哼！老實告訴你，像我們這種男人，社會上的人，不像你們這種女人光知道呆在家裏張著嘴享福！」──「這什麼話？我幾時享福來著？！」

「你還以為你十七八呢，這真是此一時彼一時啊，你這個傻瓜啊。唉，哪個男人求愛不是那麼樣的？像我這樣的還算是好的呢！唉，老實說，我除了每天不回來之外，還有什麼事不可了你的心？你說！」
──「哦，原來你從前的愛我是愛我的色呀！」

「像你這樣的，要在別人，早不要你了！我怎麼的還照樣的養活你呢！還不安分守己的，虧你還有臉來跟我來鬧！哼！」──「怨不得你這樣狠心哦，你簡直地把女人看得太小了！難道說女人嫁丈夫為著養活嗎？」──「不為養活？那麼你為什麼跟我要錢呢？哼！你有本事你走好了！好在你也是念過書的！」

「怎麼了？你不再躺一會嗎？外頭下這麼大的雨！」──「雨？哼！對了，外頭下了這麼大的雨，可是我，我的命運注定了在暴風雨裏頭找生路的！我不連累你們了，我要到暴風雨裏頭找我的生路去了！」──「找生路？」──「哼，可是我告訴你們，我們女人的命運是一樣的！外頭風雨大，裏面也不一定安全的！好吧，我們再見吧！」

「大姐，我也很跟你表同情，不過覺我看啊，做女人也不一定是會吃苦的，容易不容易那得瞧你自個兒怎麼個做法，只要自個兒有手段，男人倒也是很容易對付的」。

「聽說你的太太厲害得很，跟老虎似的，說氣話來了簡直就像獅子叫喚」──「哈哈，她是老虎，我是打老虎的武松」。

「哈哈！老虎來了，你這個武松可以露一露了。」──「這兒又不是景陽岡，而且武松的酒還沒喝醉呢。」──「哼！諒你也沒這個膽呢！」

「男人吶，非得用手段去對付他不可！」

「我本來要說的，現在大家都在那說什麼職業神聖，有職業的婦女瞧著好像很光榮的、很快樂的，其實呢裏頭也有許多說不出的苦處呢！」

「咱們這是做買賣的，跟在家裏不一樣，穿衣裳什麼的總要相當的漂亮點，要是太老式了，叫人家瞧著不順眼」──「是的」。

「可憐可憐，你在學校裏的時候是多麼天真活潑討人喜歡的小姑娘啊，到社會上也會吃那麼大的苦！」

「她真是死在那個萬惡都市的環境底下了，不過這也是由於她自個兒的意志太薄弱了！」

「我是已經叫人家忘了的人了，我自個兒呢也是知道我是不中用的了，難得今天各位還記得我，真叫我又想起十年前的境況，真是跟做夢一樣！」

「其實徐莉當初在學校裏的時候也是很老實的。自從入了交際場以後，已經會活動得跟從前成了兩個人了。所以一個人的環境啊實在是很有關係的」。

「他們倆手拉手的坐上很漂亮的汽車去兜風去了。也許有好些個人要羨慕他們吧！其實這種糜爛陶醉的生活也是現代青年男女所應該這樣的醉生夢死嗎？可是意志不堅定的男女啊，往往是會走上這條路徑而墮落下去的」。

「你們男人們呢都有一種成見，以為婦道人家懂得什麼呢？所以大小公事都不肯叫女人來幫忙，結果不是耽誤了公事，就是養成女人只會分利不會生利的風氣。我以為這是錯的」。

「好好的公子哥不做，偏偏要做革命黨！叫我們抓住你，你還好像沒事兒一樣！哼！難道你就不怕死嗎？」──「革命不怕死，怕死就不革命了！我們革命的人早也可以死，晚也可以死，東也可以死，西也可以死，只要死得有價值，不論什麼地方什麼時候都可以死的，有什麼怕不怕呀？」

「不錯，我是囚犯。不過我是為了要救國救民才給軍閥抓住了的囚犯，而並不是幫著軍閥爭權奪利、勾引帝國主義、破壞統一害百姓的囚犯。你要嚷，你儘管嚷吧！」

「你放心好啦，反正你又不是黨人，我丈夫又不在家，還怕人跟進來捉姦嗎？」

「不是黨人，就是情人，打電話報告廳長！」──「對呀，叫廳長來捉姦！」

「你公事不是很忙嗎？怎麼就回來了？」──「哼哼，我忙？我可用不著叫你找個人來替我幫親近老婆的忙！」

「你太不公道了！男人們在外頭尋花問柳的，倒不算一回事。我們女人正大光明的交一個男朋友就要受你這樣的壓迫嗎？」

「不要因為我破壞你們夫妻的情誼，你夫人從來沒見過我一面，她的救我是為公理，為正義，絕不是為私情跟私利的！」

「他是為了要救國救民才革命的，你不要抓他吧！傑哥，你去吧，你去辦你的公去吧！」

「黨裏人才很多，不怕沒人做我一樣的工作的，我就為國而死，死也無冤啊！」

「傑哥，從今以後我可以大著膽子幫著你做點事業了！」——「呵呵，從今以後我更相信婦道人家、懂得什麼這兩句話是大錯而特錯了！」

「我怕他殘殺黨人，他怕我設了秘密，所以才鬧成這樣一堂大誤會，請諸位別笑話吧」——「你們二位因為顧全革命，連親夫妻都不肯說實話，這正是先國而後家的好事情，哪能笑話呢？」

「他才稱得起新中國的模範青年呢，他對於新生活的運動是竭力的提倡」。

「我很替吃苦受罪的那幾位女士抱不平，我又替聰明反被聰明誤的那幾位女士可惜啊！」——「是的。替諸位不平，替諸位可惜。現在是已經只好算是過去的了，從今以後我希望諸位姐姐妹妹，以前的種種譬如是昨日死，以後的種種譬如是今日生，應當大家自己去努力，不達到事情自由平等不止！」——「平等平等，男女平等，到現在還是空口說白話，我們女人要在男人手裏求解放是靠不住的，只有自己解放自己」——「嫂子的話說得真不錯，求人不如求己。我們要自由平等，我們要不讓人家玩弄，不給人家犧牲，我們就不能盡依賴男子過生活，第一要緊的是自立！」——「要求自立，要自己解放自己呢，這都不錯的。不過大眾不得解放，什麼自由平等都是不徹底的。今天是雙十節，這個節呀就是咱們的先烈為了要替大眾求自由平等拿熱血來造成功的。我希望大家在求自立求自由之外，還要記住革命尚未成功，同志仍需努力！」

「我們來請諸位都乾一杯，一來紀念國慶，二來恭祝諸位的前途由黑暗轉入光明！」

專業鏈結 5：影片觀賞推薦指數：★★☆☆☆

甲、前面的話

　　進入1930年代以後，中國電影迎來了黃金時代，其標誌之一就是電影製作的多元化，各種類型、潮流的電影相繼出現，並且呈現出各自獨有的魅力：有影響尚存的舊市民電影，有常被1949年後中國大陸電影史研究高度讚揚的左翼電影，（還有所謂「軟性電影」即情色電影[1] P393~401），以及《女兒經》這樣的新市民電影。在我看來，從1905年所謂中國電影誕生直到1930年代初期，中國電影一直熱衷於命案兇殺、才子佳人、家庭婚姻、神怪武打以及翻拍傳統戲劇戲曲，而這些都屬於舊文化形態中的舊市民電影〔註1〕。

　　舊市民電影在1930年代初期以後的進化和發展，就是新市民電影。新市民電影一方面繼承了舊市民電影傳統的主題思想和藝術元素，譬如愛情戲、苦情戲和噱頭、鬧劇與打鬥等表現手法，另一方面，又及時地、有條件有限度地吸收新興的左翼思想元素，並將之整合成新類型電影，這與1930年代雅、俗文化相互滲透影響的社會背景有直接關係〔註2〕。《女兒經》就是其代表之一，它既對舊市民電影中的道德觀念、人物類型風格和藝術表現手法多有保留，又不乏左翼電影中經常出現和使用的新理念、新人物和新的審美標準。

〔註1〕對舊市民電影概念的界定以及個案讀解和專題集中討論，請參見前一章注釋〔註2〕，或拙作《黑棉襖：民國文化中的舊市民電影——1922～1931年現存中國電影文本讀解》。

〔註2〕所謂雅文學就是新文學，俗文學就是大眾文學或市民文學。1910年代後期，以魯迅為代表的第一代作家興起的新文學運動，首要目標就是打倒舊文學，進而打倒舊道德和舊文化。進入1920年代，雅、俗文學在依然在對立中分流，以武俠小說和張恨水為代表的俗文學、大眾文學發展成熟，擁有廣大的市民讀者市場，與以知識分子階層為主為雅文學分道揚鑣、各領風騷；到了1930年代，雅文學和俗文學並不和以前那樣生死對立、截然相反，而是相互借鑒和學習、呈現「互滲」的現象[3]。

乙、《女兒經》：陣容強大、編排用力的製作保障和技術支持

　　《女兒經》是明星影片公司 1934 年排出最強陣容、傾其全力打造的新潮大片。片頭打出的廣告是「全體合作有聲對白歌唱鉅片」，是一部由八個相對獨立但又有一條線索貫穿的超長影片。文戲武戲兼備——既有始亂終棄的怨婦表演和貧賤夫妻百事哀的情感表現，也有驚險刺激的爭風吃醋和革命鬥爭掌故，既有小職員、女賭徒這樣的市民形象，又有交際花、闊太太這樣的上層人物。而且，每個故事都基本圍繞兩性關係展開，編得花團錦簇、針腳細密，演得聲情並茂、絲絲入扣，極具新市民電影的審美情趣特色和市場定位模式特徵。顯然，「明星」公司是想重現 1933 年《姊妹花》創造的票房奇跡。

　　1932 年，明星影片公司曾經籌措鉅額資金、集中全部主力演員，將當時最走紅的通俗小說大家張恨水的代表作《啼笑因緣》改編成電影，原本打算拍三集，考慮到市場的廣闊，又擴大到六集，並不惜代價，部分使用當時最新的電影有聲技術和彩色技術，結果營業效果慘淡[1] P201。《啼笑因緣》的失敗有兩方面的原因：1931 年日本開始侵略中國的「九·一八」事變和 1932 年轟炸上海的「一·二八」事件，加劇了中國國內政治局勢的動蕩和惡化，反強權、反侵略和反映民眾呼聲的左翼思潮成為時代最強音；就電影自身的發展而言，舊市民電影此時已經喪失了它在 1920 年代獨佔電影市場的時代背景和受眾群體，市場價值和審美取向都發生了變化，聲勢浩大但主題陳腐的舊市民電影《啼笑因緣》只能使「明星」公司陷入負債累累的境地。

　　因此，面對 1933 年的左翼電影浪潮及其迅速擴張的電影市場，「明星」公司痛定思痛，大力借助著名的左翼編劇、導演，應聲推出「全部對白歌唱有聲巨片」的《姊妹花》，結果公映後，「首輪影院連映 60 餘天，二輪、三輪影院共連映 50 餘天，營業收入高達 20 餘萬元，全國先後有 18 個省、53 個城市和香港、南洋群島 10 個城市放映了《姊》片。《姊妹花》被評爲當年國內十部名片之首」[2]。「明星」公司不僅就此擺脫了破產的危機，而且開創了新市民電影製作的先河，並走上公司復興之路。

　　《姊妹花》雖然有左翼色彩，但決不是左翼電影，它的故事結構和表現手法完全是舊市民電影的套路，尤其是皆大歡喜的人工結局最能體現市民電影的精髓。《姊妹花》摻雜的左翼元素、名利雙收的市場回報和操作便利的生產流程，無疑給「明星」公司指出了一條光明大道——《女兒經》就是其再接再厲的努力結果。

　　《女兒經》的編劇、導演以及攝影等技術製作班底和保障體系，堪稱 1930 年代中國電影界最強組合之一，由「明星」公司掌門鄭正秋、張石川統率群雄，老派和新派搭配，老闆和新銳合流，陣勢齊整，氣勢逼人。演員陣容更是豪華加強版：女角既有 1920 年代中期就紅遍影壇的明星宣景琳姐姐，又有當時紅得發紫、被評爲 1933 年「電影皇后」的胡蝶妹妹〔註3〕，還有一年後

〔註 3〕宣景琳（1907～1992）在 8 歲時就隨鄭正秋登臺演戲，18 歲（1925 年）時就已成爲明星影片公司的當家女星之一，與王漢倫、楊耐梅、張織雲並列 1920 年代「明星」公司的「四大名旦」；胡蝶（1908～1989）因爲在 1928 年主演《火燒紅蓮寺》（第 2 集）暴得大名，從天一影片公司被挖到「明星」公司，兩個當紅影星碰在一起，難免有很多矛盾，譬如宣景琳曾表示，「伊拍一部，我拍一部，大家勿要碰頭」，不願意和胡蝶一起合作演戲，後來在鄭正秋勸說下才答應和胡蝶出演了《姊妹花》（胡蝶同時扮演女兒大寶和二寶，宣景琳扮演母親），結果《姊妹花》紅遍上海灘，兩人再獲殊榮，雙贏共和[4]。《女兒經》是她們再一次聯袂，深度合作的結果。

即將在《船家女》中躥紅的新星徐來小姐；男生有大名鼎鼎的高占非、王獻齋、龔稼農和鄭小秋（鄭正秋之子）領銜主演，更有舒繡雯、趙丹這樣的新秀配戲〔註4〕。

此外，《女兒經》運用當時最先進和相對昂貴的電影有聲技術，為影片的市場賣點提供支持。《女兒經》的出彩之處不僅僅在有聲（對白），還在於它的音樂配置。在現在公眾可以看到的 1933 年的電影中，「明星」公司的《春蠶》、《脂粉市場》和《姊妹花》已經是先「聲」奪人，但唯一的配音片《春蠶》讓人不敢恭維，其全部由西洋名曲組成的背景音樂與影片主題形成相隔十萬八千里的效果，完全是為配樂而音樂〔註5〕。

但一年之後的《女兒經》，影片的的音樂配置不僅十分講究，而且還有中西合璧的境界。譬如，影片配置了多支西洋歌曲和流行音樂作為背景音樂和插曲（如第一個故事），使得聲、畫和諧互動；由於影片是將 8 個女人的故事像糖葫蘆那樣穿起來的，因此，每一個故事的開始都以一段京劇音樂作為過門，主角踩著鼓點應聲登場亮相；更令人稱奇的是，《女兒經》使用了當時最

〔註4〕 作為公司的新面孔之一，趙丹（1915～1980）其實在一年前的《姊妹花》中就已經出鏡（扮演一個叫李大哥的配角）。在《女兒經》裏，趙丹扮演一個得了絕症（癆病）的丈夫（趙希英），不幸的是，這個形象和他後來的個人生活有了某種聯繫。1937 年，趙丹接連主演現在已經成為新市民電影經典的《十字街頭》和《馬路天使》，成為「明星」公司的新生代明星。但沒人能夠想到，幾十年後，他同居過的一個女朋友（藍蘋）做了第一夫人，竟然把他弄到監獄裏去了。

〔註5〕 對這部影片的具體討論，祈參見拙作《電影〈春蠶〉：左翼文學與國產電影市場的結晶》（載《徐州師範大學學報》2010 年第 4 期），這篇文章的完全版和未刪節版分別收入《黑白膠片的文化時態——1922～1936 年中國早期電影現存文本讀解》和《黑馬甲：民國時代的左翼電影——1932～1937 年現存中國電影文本讀解》兩書，敬請參閱。

先進也更希罕的動畫（Cartoon）加盟助興〔註6〕，編導和「明星」公司精工細琢的創意和打磨製作工夫由此可見一斑。

丙、舊瓶裝新酒：俗文學的敘述策略、左翼元素的灌裝及官方電影檢查機關趣味的植入

　　作為新市民電影的代表，《女兒經》使用俗文學的敘述策略，而且足夠經典。譬如編導採用傳統的單線敘述模式，八個小故事中的人物借助胡瑛（胡蝶飾演）主持的宴會逐一露面搭就故事的框架，線索明確清晰。但是，它又不拘一格——如果一直那麼穿將（串講）下去，觀眾難免生厭，於是，它有分別採用了自敘、他敘（旁白和閃回）的形式，使其不顯得過於單調，（雖然在今天看來，這個片子還可以再壓縮）。因此，雖說是單線結構，但《女兒經》的節奏卻顯得從容不迫〔註7〕，「小貓吃小魚——從頭到尾」，但在每一個故事的處理上又能夠根據不同的內容把握節奏，快慢適宜。

　　從小的方面看，《女兒經》的鏡頭語言和處理手法，譬如轉場、銜接、淡出淡入以及動畫接入和聲畫組合等等，可以說圓潤成熟，這當然是舊市民電影的寶貴遺產和電影新技術最佳結合。從大的方面講，《女兒經》是在雅、俗互滲的文化大背景下，新市民電影對俗文學（或曰大眾文學或市民文學）手

〔註 6〕《女兒經》的動畫設計者是中國電影史上有名的萬家兄弟（萬籟鳴、萬古蟾、萬超塵）超級組合，萬氏兄弟（還有萬滌寰）既是早期中國動畫業的壟斷者，也是當時和後來動畫技術和藝術最高製作水準的代表，其歷史性貢獻類似於今天將 Flash 融入電影創作的始作俑者。

〔註 7〕對藝術最高境界的判斷標準之一就是從容。這就好比一個人講話，從容才能營造出審美的境界，著急得要死連表達都成問題，效果也就難以出來。這就好比談戀愛，要在花前月下而不能到飛機火箭上去，如果非要使用交通工具就得坐毛驢車，走一半毛驢還不走了，那就更好。

法的藉重，進而形成相應的審美趣味和審美標準。譬如《女兒經》里第五個故事（即女賭徒的故事）和第七個故事（即交際花的故事），就用了大段的旁白（閃回），第一遍看的時候，你會覺得很有意思，第二遍再看可能就會嫌其囉嗦。

　　但這種反覆地嘮叨即所謂敘述上的重複，是俗文學「說閒話」的敘述方式，極其符合市民的欣賞習慣和審美心理，尤其是這兩個故事蘊含了大量的道德說教和簡單的是非判斷：女賭徒的故事其實就在勸賭，高女士的故事是暴露和否定她的醜態。此外，影片的第二個故事是講老婆如何制服丈夫，其實是夫妻鬥法，互相偷錢的舊把戲，很能體現市民群體的生存智慧。這種張家長李家短、娓娓道來的手法，飽含窺視和揭露個人隱私的快感，正是觀眾樂於接受的，更是影片著力用功的地方。

　　體現《女兒經》俗文學敘述策略的另一個例證，就是「打鬥戲」和「苦情戲」的使用，它們歷來是舊市民電影最具市場賣點的構成元素。第七個故事（即交際花的故事）中的打鬥（槍戰）讓人忍俊不禁：兩個爭風吃醋的小開（闊少爺）各率一幫馬仔圍繞在高級汽車旁，在不到五米的距離內，人手一槍，激烈對射，極具集體想像中舊上海的歷史神韻。「苦情戲」則有兩齣，一個是第四個故事，女店員被安排了一個悲苦的身世和淒慘的家庭背景：沒有母親，重病在床的老父，沒有衣穿、吃不飽肚子的年幼弟妹。其中一場戲是女店員為了保住工作要穿新衣服，老父在病床上一聲聲哀歎、抱怨，弟弟妹妹不知道為姐姐著急，吵著要衣服、要吃飯，這個場景一再重複。

　　表面上看是小朋友眞的不懂事，其實反映了編導要將苦情戲做到極致的意圖。這對當時的觀眾來說並不顯得多餘或做作，當然有催淚彈效果，許多人可能就是衝著這一點去的。所以，第六個故事中的女主人公夏雲就有了一個得肺癆的丈夫，（1930 年代的肺病就是絕症），爲了更好地煽情，這個故事更爲淒慘，不僅丈夫死了，他們唯一的孩子還被拐走了，她自己昏倒在大街上……。苦情戲一直是俗文學和市民電影的市場賣點和藝術要素，早在 1910年代和 1920 年代，《黑籍冤魂》（幻仙影片公司 1916 年出品）和《孤兒救祖記》（明星影片公司 1923 年出品）就是市場回報極高的苦情戲，歷史上就曾經老少通吃，名利雙收。

　　然而歸根結底，俗文學的敘述策略僅僅是一隻「舊瓶」，它是爲灌裝包括左翼元素在內的「新酒」提供服務的。需要注意的是，左翼元素的引進並沒有改變《女兒經》新市民電影的性質，其具體體現是片斷性的理念傳達和標籤式的外掛配置。譬如影片的主旨之一就是告訴你，婦女是應該自立，因此它列舉了正、反兩面的故事加以演繹，譬如做花瓶的女人是不對的，靠老公的女人也是不對的，不尊重自己的女性還是不對的。

正確的榜樣，就是那個女店員，不僅自立，還能自尊、自強、自愛，所以她拒絕侮辱，辭職後另找了一個更好的工作——這就是左翼的新理念、新思想。左翼文學是弱勢群體權益說話的——婦女就是典型的弱勢群體。對比一下以往舊市民電影的陳舊思想體系和道德說教，《女兒經》在這一點上的確與以往的乾枯味道不同。

《女兒經》的新味道還體現在最後一個即第八個故事的敘述和改變上，但卻與左翼元素無關，實際上是政府電影檢查機關強令修改的結果：在胡蝶扮演的胡瑛主持的同學聚會最後，胡瑛講述了自己如何掩護一個革命黨人的故事，眾人在敬佩之餘，集體起立，憑窗觀賞爲慶祝「雙十節」舉行的提燈遊行，直接爲當局所提倡的「新生活運動」做廣告宣傳[1] P315。這個人爲的高潮是《女兒經》最大的敗筆，還不能完全歸罪於中國觀眾所喜愛的大團圓結局。因爲，與左翼電影對意識形態有意識地定向介入和宣傳不同，新市民電影基本不會捲入對意識形態話語掌控的爭奪和具體政治行爲的紛爭當中。

丁、結語

藝術直接爲現實政治服務的首要弊端就是胡編亂造，譬如胡瑛爲了掩護革命黨人，十分可笑地將這個陌生男人安排在自己床上假扮偷情，並理直氣壯地指責丈夫：你們男人在外面胡作非爲，我們女人爲什麼就不能有自己的男朋友？（「你太不公道了！男人們在外頭尋花問柳的，倒不算一回事。我們女人正大光明的交一個男朋友就要受你這樣的壓迫嗎？」）……鬧到最後，革命黨人又成了胡瑛軍閥丈夫的妹夫。尤其明顯的是，影片中口口聲聲的「總司令」稱謂，明顯就是指蔣介石〔註8〕。《女兒經》的這個結尾，生硬、直白

〔註8〕這對已經不習慣再把領袖當神一樣看的新一代大陸電影觀眾來說，實在有種忍無可忍的感覺——至於政治人物具體評價尤其是具體的政策行爲，則另當別論。

地為執政黨黨魁歌功頌德，具有強烈的官方主流意識色彩，使影片掉進了連舊市民電影也不會涉足的泥坑。

即使以今天 100 分鐘左右的電影時長標準來衡量，《女兒經》也算是長片，將近 160 分鐘，因此《女兒經》無愧於當時上市時「巨片」的廣告語——在今天來看，《女兒經》這樣的電影可以當作「人生必讀」來看，因為一般文藝作品所具備的教育、認識和審美三大功能，在《女兒經》中均有所體現。畢竟，《女兒經》所反映的世俗眾生相，與每一個觀看它的人都有千絲萬縷的聯繫。這恐怕是作為新市民電影最有力的「豹尾」結構，即喻世勸善，卒章顯志，這一點倒是與舊市民電影不謀而合、而多少又與左翼電影相左乃至對立。

戊、多餘的話

子、臺詞與語音

在今天來看，1930 年代電影中的臺詞與現代漢語口音相比較，當然稍許怪異、略顯生澀，因為其語言大多以南京官話為基礎，帶有強烈的南方語音特徵。《女兒經》也不例外，而且更豐富，不僅有東北腔調，譬如說「學（xiao）來的」，還有北京話，而且口音非常地道，譬如「明兒見」之類。這種語言的使用，也是雅、俗文化交流互滲的旁證，同時又對應於以北平為根基的中國俗文化、以上海為代表的城市生活。

丑、三大功能、婚姻必讀與人生規劃必讀

教育、認識、審美，是一般文藝作品具備的三大功能。《女兒經》的教育功能十分明顯：不要賭、不要依賴於他人、不要不自尊自愛──女人尤其應該如此。所謂認識作用，恐怕首先應該明白，人生是一個不可逆的直線行進過程。譬如每個人在學生時代都是非常單純的，一旦踏入到社會，就像《女兒經》所展示的那樣，哪曉得十年以後會變成這個樣子。人在江湖，面目全非。所謂審美功能，恐怕最為直觀和明顯，最能調動人們的直覺判斷。《女兒經》裏的故事展示是動態的，但作為一種歷史存在，它又是靜態的，值得觀眾一再把玩、反思。畢竟，《女兒經》所反映的世俗眾生相與每一個觀看它的人都有千絲萬縷的聯繫。

其次，《女兒經》可以當「婚姻必讀」來看。對未婚者，《女兒經》特別有效，有前置殺毒功能，因為結了婚再看就已經晚了。婚姻就是一場兩性戰爭。這話是未婚男女都不愛聽的，但的確道出了婚姻的本質。不信你可以參考美國電影《羅斯夫婦的戰爭》（The War of the Roses，1989）。婚姻中具有天生殘酷的一面，其中一點恐怕是，對於婚姻而言，每個人的選擇和道路都未必能實現規劃，也無從反悔，重新再來。因為人的地位和層次必然低於神或上帝。你怎麼能知道碰到的這個人是你一生不好的或者是最好的選擇？就像《女兒經》中的一個丈夫說的──像我這樣的男人還算不錯的，我掙錢回來給你花，當然我也要出去自己花。（「像我這樣的還算是好的呢！唉，老實說，我除了每天不回來之外，還有什麼事不可了你的心？你說！」）。他說的是事實，不要覺得他庸俗。最悲哀的是碰到一個比他還不堪的人──因為人是會改變的。就此而言，有一個比看電影更好的捷徑、更有把握的方式就是請教父母。俗話說，家有一老，就是一寶。

　　最後，《女兒經》還可以當「人生規劃必讀」來看。現在的大學裏都會給本科生開一門課，叫做《人生職業規劃》，但是來選的都是大三、大四的學生。如果是這樣，那對於選課的人來說就已經晚了。我的意見是應該在大學一年級時就應該選或開這門課。實際上，我更極端的體會是，進了大學再規劃你的一生就來不及了，一個人至少應該在初中就開始規劃，以後則終其一生都要努力前行——還未必成功。樂觀的是，就像《女兒經》的故事當中所指出的那樣，無論一個女人嫁了什麼樣的人，哪怕那個男人富可敵國，你也一定要有自己的工作、事業和生活。這是《女兒經》提供給觀眾的一個切實可行的忠告——做不做由你〔註9〕。

初稿時間：2006 年 11 月 17 日

二稿修改：2007 年 9 月 9 日～12 月 29 日

三稿改定：2008 年 7 月 23 日

圖文增校：2015 年 8 月 27 日～9 月 3 日

〔註 9〕 本章文字的主體部分（不包括戊、多餘的話），最初曾以《1930 年代中國國產電影市場的新賣點——以明星影片公司 1934 年的新潮大片〈女兒經〉爲例》向外投稿，但未獲發表。後將其中的約 4000 字，整合進《1933～1935 年：從左翼電影到新市民電影——用 5 部影片單線論證中國國產電影之演變軌跡》（上）一文，發表於 2009 年第 5 期《浙江傳媒學報》（杭州，雙月刊）。收入《黑白膠片的文化時態——1922～1936 年中國早期電影現存文本讀解》一書時，列爲第二十五章，題目是：《以舊市民電影爲依託、以左翼元素爲賣點的有聲大片——〈女兒經〉（1933 年）：新市民電影樣本讀解之三》。此外，丙、丁、部分以及注釋〔註4〕和〔註8〕中的黑體字，是結集成書時被内地出版社刪節的部分。本章的所有圖片，均爲此次成書時新增。特此申明。

參考文獻：

〔1〕 程季華，中國電影發展史：第 1 卷〔M〕，北京：中國電影出版社，1963.

〔2〕 潮之南，一代藝宗鄭正秋//http：//www.chaozhinan.com/article.asp?id=2617&classid=4（2007-9-9）.

〔3〕 錢理群，溫儒敏，吳福輝.中國現代文學三十年（修訂本）〔M〕，北京：北京大學出版社，1998：337～338.

〔4〕 參見中國文壇網>人物春秋>影壇星空>宣景琳：http：//www.wentan.com/html/renwu/tvstar/2005-10/27/20279.html。

A Sound Film Blockbuster Based on Traditional Chinese Film, Marketing on Left-wing Elements——Bible for Girls（1933）：The Fourth Sample of New Citizen Films

Read Guide：New Citizen Film was a fresh film genre in early 1930s' China, which inherits thematic ideas and art elements from Traditional Chinese Film, absorbs new thoughts from Left-wing Film. New Citizen Film retains moralities, character styles, and art expression of Traditional Chinese Film, borrows conditionally and limitedly new concepts and characters often appearing in Left-wing Film, in this way to appeal to new selling point. In 1934, Star Film Company selected best cast, made every effort to produce blockbuster Bible for Girls, which includes eight stories connected by one clue. The film has both narrative part and Kung Fu part. Every story develops around sex relationship, with interesting, fascinating and rigorous plot, with marvelous and amazing acting. The film possess a typical aesthetic taste and market positioning mode of New Citizen Film.

Key words：Traditional Chinese Film；New Citizen Film；Star Film Company；
Narrative Tactic；Left-wing Element；Selling Point；

本章的第一、二張圖片爲《女兒經》的 VCD 封面封底照，這是該
片的 DVD 碟片。

第伍章　《漁光曲》(1934 年)——
超階級的人性觀照

閱讀指要：

　　失去土地的農民爭相進城到工廠應聘，小猴、小貓兄妹倆排隊時不斷被推擠出去。按理說排隊的都是窮人，屬於同一階級的兄弟姐妹，為什麼沒有相互的憐憫和同情？這是因為，在涉及個體生存的前提下，恰恰是窮困階層對物質利益的爭奪才表現得更為迫切。聯華影業公司公司 1934 年出品的配音片《漁光曲》，在主題思想表現和人物塑造模式上，看上去很像是左翼電影，實質上卻是有條件地抽取、借助了左翼電影思想元素的新市民電影。但不容否認的是，左翼人士為影片配置的具有充沛民族文化底蘊的主題音樂，尤其是富含左翼思想歌詞的插曲，客觀上奠定了觀眾在文化心理和審美層面對左翼電影視聽模式的認同基礎。

關鍵詞：左翼電影；新市民電影；超階級性；視聽模式；配音片；插曲；

 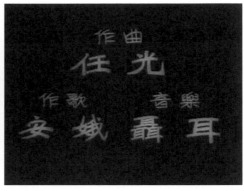

專業鏈接 1：《漁光曲》（故事片，黑白，配音，殘片），聯華影業公司上海第
二製片廠攝製，1934 年出品，1934 年 6 月 14 日首映。VCD（單
碟），時長：56 分 6 秒。
>>> **編劇、導演**：蔡楚生；**攝影**：周克。
>>> **主演**：王人美、羅朋、湯天繡、韓蘭根、談瑛、尚冠武，
裘逸葦。

專業鏈接 2：原片片頭字幕及演職員表字幕（標點符號為錄入者添加）

《漁光曲》。聯華影業公司上海第二製片廠攝製。

電光工友金傅松君，為攝製「漁光曲」因公殞命。聯華同人，謹於片
首向金君致追悼之敬禮。

監製：羅明祐；

製片主任：陸涵章；

攝影：周克；

布景：方沛霖；

劇務：孟君謀；

電通公司國產三友式錄音機配音；

創制工程師：司徒逸民、馬德建、龔毓珂；

錄音：司徒慧敏、譚宏遠；

作曲：任光；

作歌：安娥；

音樂：聶耳。

主演者：王人美、湯天繡、韓蘭根、談瑛、羅朋、尚冠武、裘逸葦。

演員表（以出場先後為次序）：

徐　妻──湯天繡，

徐　福──王桂林，

徐　母──傅憶秋，

鄰　婦──陳太太，

何仁齋──尚冠武，

二　爺──洪警鈴，

何　妻──王默秋，

徐小貓（幼年）──嚴曉圓，

徐小猴（幼年）──施仁傑，

何子英（幼年）──錢　鍠，

徐小貓──王人美，

徐小猴──韓蘭根，

何子英──羅　朋，

梁月舟──袁叢美，

鄰　老──朱耀庭，

洋顧問──邢少梅，

薛綺雲──談　瑛，

舅　舅──裘逸葦。

編劇、導演、說明：蔡楚生。

專業鏈接 3：鏡頭統計

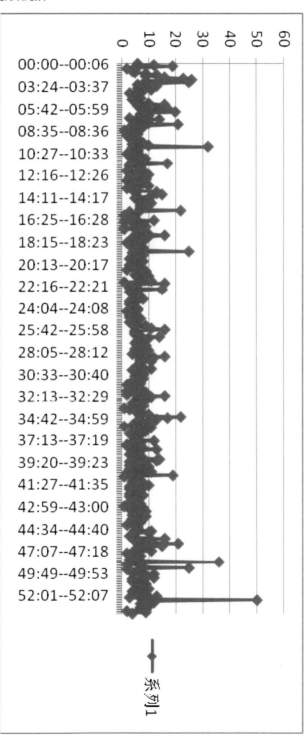

說明：《漁光曲》（殘片）時長 56 分 06 秒，共 448 個鏡頭。其中：

甲、小於和等於 5 秒的鏡頭 180 個，大於 5 秒、小於和等於 10 秒的鏡頭 206 個，大於 10 秒、小於和等於 15 秒的鏡頭 36 個，大於 15 秒、小於和等於 20 秒的鏡頭 14 個，大於 20 秒、小於和等於 25 秒的鏡頭 8 個，大於 25 秒、小於和等於 30 秒的鏡頭 1 個，大於 30 秒、小於和等於 35 秒的鏡頭 1 個，大於 35 秒、小於和等於 40 秒的鏡頭 0 個，大於 40 秒、小於和等於 45 秒的鏡頭 1 個。

乙、片頭鏡頭 15 個，片尾鏡頭 1 個；字幕鏡頭 86 個，其中交代劇情的鏡頭 3 個，交代人物鏡頭 0 個，對話鏡頭 83 個。

丙、固定鏡頭 337 個，運動鏡頭 23 個。

丁、遠景鏡頭 21 個，全景鏡頭 137 個，中景鏡頭 85 個，近景鏡頭 85 個，特寫鏡頭 32 個。

（圖表製作與數據統計：劉曉琳）

 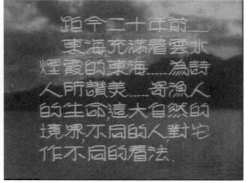

專業鏈結 4：影片經典臺詞

「你瘋了嗎？這古董是四百年前的東西，拿你的性命都賠不了的！你知道嗎？」

「大概是給你吃得太飽了，馬上給我滾出去！」

「我早就說，孩子已經大了，不要再留這種蠢貨，你們總不信！」

「你要好好替何家做事，刻苦撫養大這兩個孩子……我死也就瞑目了……」

「他所以會變成一個可憐的癡子，都是小的時候你媽捨了你們把奶來喂我的緣故……我見到他，良心上就很難過，望你也要好好的待他」。

「漁人的生活太苦了，我到外國去，希望能得一點新的學問，回來改良一下」。

「識時務者為俊傑，我們不去迎合這新的潮流，就不能生存了」。

「謝謝你，我們家裏很苦的……」——「誰不是這樣呢？」

「謝謝你，我的生病的丈夫和幾個孩子，都要靠我養活，我是不能沒有工做的……」

「謝謝你，給我吧，我們家裏有一個瞎了眼睛的媽媽，要等著我們養活呢！」——「哼！你媽不過瞎了眼睛，我媽是個瘋癱，我爸軋斷了腿，比你們還要苦呐！」

「這是明眼人生財的勾當，瞎子是不會瞭解的」。

「上海到底是個好地方，小猴兒到這裏來也高興得多了」。

專業鏈結 5：影片觀賞推薦指數：★ ★ ☆ ☆ ☆

甲、前面的話

1934 年 6 月 14 日，聯華影業公司的配音片《漁光曲》首映後，連續放映 84 天，打破了此前由明星影片公司 1933 年出品的有聲片《姊妹花》創造的國產影片連續放映 60 多天的最高票房記錄 [1] P334。以今天的技術標準而言，《姊妹花》已經是完全意義上的有聲電影，而現今觀眾可以看到的配音片《漁光曲》，其音響效果，尤其是音樂和畫質，則遠遠不能與之相比 [註1]。但我認為，《漁光曲》在歷史語境和文本研究中的雙重標準意義和評判價值值得注意。

[註 1] 根據女主演王人美的說法，《漁光曲》一開始本來是當作無聲片去拍的，因為「聯華」公司老闆既看不上國產電影錄音機的質量，又不肯花高價使用進口的美國設備；但後來在編導蔡楚生的反覆堅持下，才在製作後期補錄了主題歌，做成配音片 [5]。

首先，它是所謂中國第一部獲得國際聲譽的影片：「1935年2月，《漁光曲》參加了蘇聯電影工作者俱樂部為紀念蘇聯電影國有化十五週年在莫斯科舉行的國際電影節，在這個有三十一個國家的代表和影片參加的電影節上，《漁光曲》獲得了『榮譽獎』」[1] P337～338。這是在全球性左翼思潮背景下來自社會主義大本營的肯定和褒獎。正因為如此，1949年後的中國大陸電影研究，將其與《大路》、《新女性》、《神女》並列，稱之為「左翼影片和進步影片」[1] P334。

其次，《漁光曲》雖然在主題思想和人物塑造模式上有條件地抽取借助了左翼電影思想元素，但卻並不屬於左翼電影序列，而應當被判定為新市民電影。需要特別指出的是，其新技術（音樂配置）的應用，尤其是極具民族文化底蘊的主題音樂，客觀上強化了普通民眾在文化心理和審美層面對左翼電影視聽模式的認同，進而為中國國產影片本土化和經典化做出了卓越貢獻；《漁光曲》繼《姊妹花》之後再次刷新國產影片高票房記錄，證明了著新市民電影與左翼電影，以及與市場回報之間的邏輯關聯。

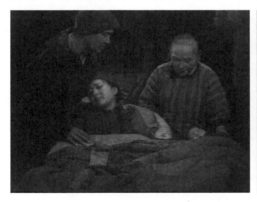 

乙、貌似左翼電影：超階級的人性觀照和對左翼模式的修正

就現存的電影文本而言，左翼電影在1932年就已經出現，代表作是孫瑜為聯華影業公司編導的無聲片《野玫瑰》和《火山情血》。1933年，經典意義的左翼電影大量出品，它們包括聯華影業公司的無聲片《天明》、《母性之光》、《小玩意》，以及月明影片公司的《惡鄰》等〔註2〕；至於一些中國電

────────────

〔註2〕我個人對這些影片（實際上，在本章中提及的所有左翼電影）的具體討論意見篇目，請參見本書第三章《〈二對一〉（1933年）——與左翼電影分道揚鑣》的〔註3〕。

影史著作譬如《中國電影發展史》（第一卷）所列舉的左翼影片，例如《脂粉市場》、《姊妹花》（均爲明星影片公司 1933 年出品的有聲片），在我的分析和表述體系中，則將其歸類爲脫胎於舊市民電影、大量加入和有條件地使用左翼思想元素的新市民電影；同樣，在本年由明星影片公司出品的配音片《春蠶》，不應該被劃爲完全意義上的左翼電影，它其實只能屬於早期左翼電影〔註3〕。

從 1934 年的《漁光曲》開始，**同爲新電影的新市民電影和左翼電影**在涇渭分明的類型化、模式化的前提下，逐漸突破原有的類型限定，已經在題材選擇和審美趣味上相互吸收各自優點/賣點，譬如當年「聯華」公司出品的無聲片《體育皇后》和《神女》，配音片《新女性》和《大路》，「明星」公司當年出品的有聲片《女兒經》等，**都是如此**〔註4〕。就《漁光曲》而言，超階級的人性觀照和肯定，既是對左翼電影固有模式的突破，也是新市民電影最主要和最強烈的特徵體現。

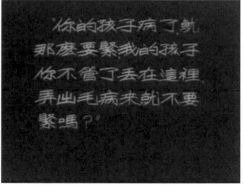

〔註 3〕 我個人對這些影片（實際上，在本章中提及的所有左翼電影）的具體討論意見篇目，請參見本書第三章《〈二對一〉（1933 年）——與左翼電影分道揚鑣》的〔註3〕。

〔註 4〕 到了 1935 年，這種相互吸收和借鑒已經演變成爲曾經的左翼電影編導向新市民電影的轉軌，其例證是《都市風光》（電通影片公司出品）和《船家女》（明星影片公司出品）；而堅持傳統左翼模式製作的只有《風雲兒女》（電通影片公司出品）。進入 1936 年後，由於國防電影（運動）事實上已經將左翼電影從類型（形態）上予以整合、提升，因此，完全意義上的或曰傳統意義上的左翼電影事實上已經消失，到 1937 年 7 月抗日戰爭爆發前實際上已經不復存在，（只有殘片或曰餘緒存留，譬如聯華影業公司的《聯華交響曲》中的幾個短片）。我對《都市風光》和《船家女》的具體討論，請參見本書第六章和第七章；對《風雲兒女》和《聯華交響曲》的具體討論篇目，請參見本書第三章的〔註3〕。

　　完全意義上的左翼電影雖然同情弱者、堅持人道主義精神，但它的一個共通的模式就是倡導和強調階級鬥爭。在左翼電影中，不同的階級具有不同先天性的階級品質，富有階級（以資產階級爲代表）出身的人物，往往是道德淪喪、品行敗壞，譬如《火山情血》、《天明》和《母性之光》〔註5〕。但《漁光曲》沒有陷入這個窠臼或照搬這個既成模式，而是體現出超階級的人性觀照〔註6〕。

　　乍看上去，《漁光曲》有許多與左翼電影相同相似的思想和藝術特徵，譬如抨擊資產階級、同情弱勢群體、對人道主義立場的堅持、對當下社會現實中不合理現象的批判、否定，以及主題先行、理念大於人物、概念大於形象等等。但實質上，《漁光曲》之所以不是左翼電影而是新市民電影，主要原因就是超階級的人性觀照並以此爲價值評判標準。

　　譬如，《漁光曲》中的三個主要人物小猴、小貓兄妹和少爺何子英，貧富、出身不同，但他們之間的友誼從兩小無猜一直持續到成年，小貓和少爺還有朦朧的愛情線索。這種情況在經典左翼電影中比較少見。因爲一般的左翼電影很可能就把少爺描寫成無產階級在政治、經濟領域的對立面，（偶而還是可以成爲被無產階級引領和教育好的對象——1932年的《野玫瑰》就是如此）；或者說，小時候的少爺還不懂得階級性的重要，還可以和窮孩子在一起玩耍，那等他長大成人後，就會回歸到剝削和壓迫窮人的階級本性。但是在《漁光

〔註5〕通俗地講就是男盜女娼。男的一般是經濟領域的剝削者、政治層面的壓迫者、個人生活腐敗者，女的除了相貌妖冶，還要擅長不檢點的風流韻事（譬如《風雲兒女》）。左翼電影的這一人物塑造手段和編碼流程，在1949年後基本被中國大陸電影全盤繼承和發揚。

〔註6〕這個觀點，是針對1949年後中國大陸通行多年的強勢文藝理論。這種理論認爲人都是有階級性的，階級性是高於人性的，（在階級性之上還有黨性）。從實踐上講，這是違背常識的理論認知，譬如「惻隱之心人皆有之」，以及趨利避害、羞恥之心等等。

曲》中，始終閃爍著超階級的人性光芒。譬如他們小時候，當資產階級老爺爲難小猴、小貓的母親時，小少爺就替她求情。長大後，這種情誼也一直沒有改變，而且還是少爺將流離失所的兄妹倆安排到自己掌控的輪船上做工謀生。

但是，人性雖然是共通的，共通的人性雖然是超階級的，然而現實中的人、尤其是貧富差距巨大社會環境中的個體主體，又是要受到自身階級性的約束和規範的。所以在經典的左翼電影《桃李劫》（電通影片公司 1934 出品）中，對人性的剖析和表現就顯得更爲激進，被賦予更深入的社會批判意識和政治革命色彩：男女主人公的一個同班同學就是資產階級少爺，後來男主人公受聘爲少爺工作。這就是人性的複雜，因爲它肯定了超階級的人性存在：同學之情，朋友之愛。但另一方面，人性又受到具體的階級性的約束。所以，當兩人在公司經營中產生矛盾，少爺就原形畢露：你的工作是我賞給你的，你就得聽老闆我的指令。就超階級的人性的表現而言，《漁光曲》就沒有這種變異，所以男女主人公和資本家少爺的情誼貫穿始終。

其次，超階級性的觀照還意味著對人性惡的表現。左翼電影一般是用階級性來代替人性，或者把階級性和人性等同。具體到影片中，如果出現壞人，肯定是有錢人、資產階級（進而是反動階級）；要是好人，他肯定是窮人、無產階級（進而是革命階級）。而《漁光曲》在這方面是承認階級性和人性也是因人而異的，因爲這才是眞實的。譬如失去土地的農民爭相進城到工廠應聘，小猴、小貓兄妹倆排隊時不斷被推擠出去，按理說排隊的都是窮人、屬於同一階級的兄弟姐妹，理應相互同情憐憫才對。所以小貓說：求求你，「我們家裏很苦的」；那推她出去的窮姑娘當即反駁：「誰不是這樣呢？」意思是說我可憐你誰可憐我呢？何以如此？因爲在涉及個體生存的前提下，恰恰是窮困階層對物質利益的爭奪才表現得更爲迫切，因爲所有的感情和人性都要受到具體的現實環境和條件的制約。

影片還有一個類似的場景，小猴和一個小乞丐在垃圾箱裏爭搶一個酒瓶，雙方都認為自己更窮，（更就有權得到）。一個說：「給我吧，我們家裏有一個瞎了眼睛的媽媽，要等著我們養活呢！」；一個說：「哼！你媽不過瞎了眼睛，我媽是個瘋癲，我爸軋斷了腿，比你們還要苦呐！」互不相讓中的結果是把瓶子摔碎了，誰也沒得到。這時，小貓拿出自己討來的東西給了對方做為補償，這是影片溫情的一面，**卻與左翼電影的階級性無關**。

因此，《漁光曲》對人性、尤其是底層階級人性惡的一面的表現，**既是真實**，也是同時代很多左翼電影和1949年後的大陸電影一貫的腔調所少見的。在這一點上，不能不說，**抽取借用了左翼電影思想元素的《漁光曲》，在超階級的人性觀照取代階級對立與矛盾衝突方面，與「明星」公司一年前的《姊妹花》毫無二致**。或者說，**兩部高票房的影片，其主題思想只能是新市民電影的特徵體現**。

現存的公眾可以看到的影片表明，到1920年代後期，中國電影在藝術表現上已經趨於成熟。但絕大多數影片始終更熱衷於古典或現代愛情題材，也就是局限於戀愛、婚姻，以及與此相關的家庭倫理範疇，這就是舊市民電影。就主題思想而言，**舊市民電影的特徵之一，就是刻意規避意識形態訴求的同時，迴避劇烈尖銳的社會性矛盾——就此而言，讓人醉生夢死的東西，譬如武俠神怪片高潮的出現，實在是順理成章、理所當然的結果**〔註7〕。

〔註 7〕 *這一點從今天來看，可以把它當作一個缺點理直氣壯的批評否定，但在當時，有很多人包括很多電影創作者在內，把電影當作一個夢來看待。既然是個夢，那麼就跟現實人生有著相當的距離。所以把這個夢做得怎麼好看都行。夢醒之後，該做什麼還做什麼。這是當時電影創作的一種傾向或認識。在現實生活中，夢是人生當中不可分割的一部分，但是在更多的情況下，人生是在夢境之外。如果單純地以藝術手段鼓勵人們做夢，以具有強烈視覺形象流連夢境，那麼這是對現實人生的一種侮辱、是對人生現實的一種偏離。*

 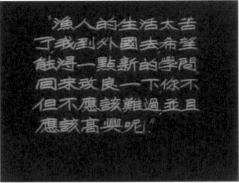

丙、抽取和借助：《漁光曲》與左翼電影相對應的範式和視聽表達

客觀地說，左翼電影的出現，基本上改變了這種傳統性的製片路線和電影消費格局。譬如《漁光曲》出品前後許多的左翼電影，其對人生現實愁苦的真實寫照、對窮人困苦的生存處境借助電影形象的描繪，直抵人性最柔軟的地方。惻隱之心人皆有之，但文字上的教誨、理念上灌輸，和現實情景不可同日而語。而當你所同情的弱小者以具體的形象出現在你的面前的時候，你不可能無動於衷。對社會底層、弱勢群體悲慘命運的關注，既是左翼電影打動人心的魅力所在，也是一切藝術創作人道主義精神的底線。

與此相對應的，是左翼電影對不合理的現實人生的批判。許多 1930 年代的電影例如新市民電影，對這種現實狀況和社會體制並非完全沒有批判性，但卻沒有像左翼電影以一種激進的態度、在否定的前提下表明這種批判，因此，對為富不仁的有錢階級和資產階級的批判，既是左翼電影一個傳統，也是《漁光曲》抽取、借助的範式之一，譬如影片只針對資產階級老爺、太太的批判（不包括同一階級的少爺）。

　　與同時代的其它類型影片相比較，左翼電影最突出的特徵就是對弱勢階層的同情、對強力階級的否定、批判，打破粉飾和逃避現實人生的夢想並以暴力手段傳達新理念及其意識形態訴求。顯然，《漁光曲》這方面並不全然符合標準，因為其對左翼電影思想元素的抽取、借助是有條件的、淺嘗輒止的。譬如影片中與暴力相關的死亡，只發生在資產階級自身階層——資產階級老爺自殺——與階級性暴力無關；而小猴則是死於疾病，（雖然與勞動—剝削有些許關聯，但極其微弱勉強，因為船主是他未來的妹夫）。《漁光曲》借助左翼電影最用力的地方，或者說，最容易被人看作是左翼電影的地方，就是它的主題音樂和插曲。

　　配音片可以被視作是有聲電影的初級形態，它當然和無聲電影有所區別，但又不能等同於現在意義上的有聲片。譬如《漁光曲》的臺詞還是用字幕表現，只不過配上了主題音樂和插曲而已，而它們與畫面的銜接並非今天標準意義上的聲畫同步模式。但比起前一年明星公司出品的《春蠶》而言，其進步是非常明顯的。《春蠶》也是配音片，它的音樂與絕大部分畫面是無關聯的。但《漁光曲》的音樂與影片主題思想和人物形象，尤其是**觀影心理**的契合，**被有意識地強調**。注意音樂配置、尤其是插曲對主題思想的烘託和提升，本是電影**有聲化後**左翼電影**確立的新視聽模式**。在我看來，《漁光曲》最出色的藝術表現和與之相稱的市場（票房回報）成功，主要源於**左翼人士參與製作的力度**。

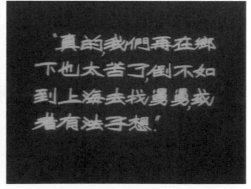

　　「聯華」公司旗下擁有一個當時超一流的詞曲作者群體，其代表人物之一是 1930 年代中國流行音樂的奠基人黎錦暉（1891～1967）。黎錦暉 1927～1929 年先後創辦、組建了「中華歌舞學校」、「中華歌舞團」和「明月歌舞團」；1931 年，「明月歌舞團」併入聯華影業公司。黎錦暉對民族傳統音樂浸

潤頗深，他成功地將在上海產生廣泛影響的西方音樂、尤其是美國流行音樂例如爵士樂，予以本土化整合，形成民間旋律與西洋舞曲節奏相結合的中國流行音樂風格，代表作有《毛毛雨》、《桃花紅》、《特別快車》等，均風靡一時；1936年之前，黎錦暉曾為十幾部電影配樂，其中的大部分插曲是流行歌曲[2]。

　　黎錦暉對聯華影業公司、對中國電影界和音樂界的另一個偉大貢獻，就是培養提攜了兩位傑出藝術人才：一位原名周小紅、後來經他改名為周璇的電影明星和流行歌星；另一位是聶守信，後來以聶耳著名的傑出的音樂家[2]。作為全身心投入左翼文藝的青年藝術家，聶耳（1911～1935）與時俱進，將左翼思想、民族救亡意識和電影音樂，在聲畫藝術層面完美地結合在一起。聶耳作為1930年代中國左翼電影音樂靈魂人物之一，雖然只活了24歲，但他短暫的音樂和電影插曲創作生涯，在為歷史留下了經典製作和光輝篇章的同時，也和其它人一起構建和確立了左翼電影嶄新的視聽模式。

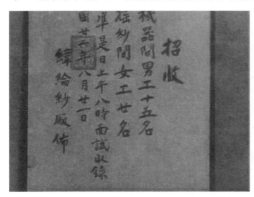

　　《漁光曲》的主題歌《漁光曲》作曲是任光，作歌（詞作者）是安娥（田漢的妻子），音樂是聶耳。這種奇怪的製作人員組合搭檔，既意味著聶耳對影片音樂配置的全面參與和影響，也意味著聯華影業公司對嶄露頭角的黎氏弟子聶耳，在音樂才華方面的藉重。畢竟，在1930年代，中國音樂界尤其是流行音樂已經完成了西方音樂對本土音樂的影響、嫁接和改造——大批流行歌曲和製作者的出現，及其對市民階層廣泛影響就是例證——那麼，隨著電影有聲技術的出現和提高，在西洋音樂基礎上經過本土化整合的流行音樂、尤其是新民族音樂，就此直接進入影片並成為不可或缺的有機整體，就是順理成章的藝術進化結果。

　　事實上，在現存的1934年「聯華」公司製作的左翼電影中，除了《漁光曲》的主題歌《漁光曲》之外，所有的左翼電影的主題歌（曲）都是由聶耳作曲，例如《新女性》的主題歌《新女性歌》，《大路》的主題歌《開路先鋒歌》，以及電通影片公司出品的《桃李劫》的主題歌《畢業歌》等。在1935年聶耳去世前不久，還爲「電通」公司出品的《風雲兒女》主題歌《義勇軍進行曲》（田漢作詞）譜曲。這些歌曲在深化電影主題的同時，通俗地完成了對激進的左翼思想和民族主義意識的大眾化宣傳普及，從而全面確立了左翼電影的聲畫視聽模式。

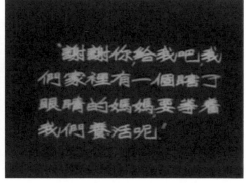

　　實際上，這些灌注左翼思想、充滿左翼激情的歌曲在當時和後來，已經遠遠突破了電影文本本身的文化和藝術意義規範，它們對中國民眾的影響和感染一直持續至今，例如《義勇軍進行曲》成爲15年後一個新生政權的代國歌。我的結論是，在1934年，左翼電影先天具備的激進意識、革命立場和教化功能，已然突破了先前無聲時代左翼電影的字幕、畫面和人物形象的平面敘述模式，成功完成音樂歌曲的導入和移植，在新視聽模式建立的同時，又發揮出其自身獨立功效的本質屬性。

從 1934 年配音片音樂配置的情況來看，雖然再沒有出現象 1933 年《春蠶》那樣通篇使用西洋經典名曲的生硬套用情形，具有強烈民族音樂元素的現代民族音樂曲式的主題歌曲和插曲漸成氣勢和規模，但西洋音樂作爲背景音樂的情形依然沒有全然退出電影的音樂配置。譬如在《漁光曲》和《桃李劫》中，一些背景音樂仍然由西洋音樂填寫補充。到 1935 年，中國第一部音樂（喜劇）片《都市風光》（電通影片公司出品）和第一部通篇使用民族樂器的配音片《天倫》（聯華影業公司出品）的出現，則使這種情形完全得到改觀。

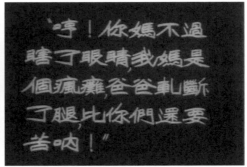

丁、結語

就此而言，1934 年的《漁光曲》，是中國左翼電影開始運用新技術（音樂配置）手段，完成左翼電影從無聲到有聲影片過渡的成果之一。在現存 1934 年的電影文本中，「聯華」公司出品的配音片《漁光曲》、《新女性》、《大路》，與電通影片公司的有聲片《桃李劫》一起，用極具民族文化底蘊的主題音樂，奠定了普通民眾在文化心理和審美層面對左翼電影的視聽模式認同的基礎──到了 1935 年，「電通」公司出品的《風雲兒女》更以一支影片插曲《義勇軍進行曲》，將左翼的思想和文化編碼輸入到民族現代性的啓動程序中實際運用，並在 15 年後完成了由民間的反政府、反強權理念向國家政權意志的所有權轉換。

　　也正因如此，1960年代集體編撰、代表官方意志的大陸電影研究界才會如此總結《漁光曲》的思想主題：「黑暗舊社會的壓迫，漁業資本家的剝削，以及帝國主義的經濟剝削和掠奪」[1] P336。如果說，這是左翼電影特徵標準之一，沒有問題；問題是，《漁光曲》是新市民電影而不是左翼電影。更何況，現今人們看到的只是一個刪節版。要知道當年影片首映時，正逢「上海六十年來少有的高達103.8度（華氏，相當於攝氏40度左右──引者注），但影片竟連映了八十四天之久」[1] P334。人們冒著酷暑蜂擁而至，就為了花錢看一個一小時不到的窮姑娘死了親媽和舅舅然後又死了哥哥的悲慘故事？顯然不是。

　　影片最大的賣點應該一是窮姑娘和富少爺可能的愛情婚姻，二是老爺何仁齋（尚冠武飾演）和姨太太薛綺雲（談瑛飾演）的悲劇結局──或許後一個故事對現實有所影射？就像當年的無聲片時代的高票房電影《閻瑞生》（1921）、《孤兒救祖記》（1923）一樣？左翼電影和新市民電影的主題語題材都具有時尚性也就是市場性的一面，問題是，新市民電影的藝術表達更世俗氣和更大眾化，就像有聲片時代的第一部高票房電影《姊妹花》一樣。

戊、多餘的話

子、現存的《漁光曲》是刪節版？

　　現存的、公眾可以看到的《漁光曲》版本，不僅畫質模糊，音質破碎，而且敘述生硬。覺得其生硬，最主要的原因是影片的時長僅有56分鐘，這遠遠少於1934年當年電影的平均時長。譬如，配音片《新女性》、《大路》和有聲片《桃李劫》的片長分別是105分鐘、104分鐘、103分鐘，《女兒經》則長達158分鐘；無聲片《體育皇后》和《神女》的時長，分別也有86分鐘和73分鐘。有研究者指出，當年電影院公映的版本遠比現今人們能看到的長許多，至少有八本[3]。

丑、「勞工神聖」。

今天來看《漁光曲》，有一個細節與其說是人們感到驚奇，倒不如說是感到震驚，這就是影片一開始的字幕誌哀，曰：電光工友金傳松君為攝製《漁光曲》因公殞命，「聯華」同人謹於片首向金君追悼之敬禮。我把《漁光曲》歸為新市民電影形態，但這並不影響其人道主義精神的強烈體現。將這個細節與 70 多年後中國大陸影視界製作過程中訴訟不斷的人命官司相對照，只能讓人欲說還休。

寅、原唱與翻唱

《漁光曲》主題歌能夠流傳下來，一方面是因為它音形俱佳，另一方面，對 1990 年代中國大陸民眾而言，女聲合唱團「黑鴨子」翻唱的很多老歌功不可沒，但翻唱的《漁光曲》很難再找到它在影片背景下的感受和境界。這與其說是時代的變遷，倒不如說是詮釋者和視聽者的角度發生變化。「黑鴨子」把它詮釋成一個優美的民間小調，音樂中現實人生的苦難和哀愁被稀釋、過濾。這種歌唱歷史再次證明了音樂學傳播學的一個常識：同一首樂曲，由不同的指揮、不同的樂手和不同的聽眾演繹完成的效果是截然不同的。

卯、政府性審查

1943 年，也就是《漁光曲》刷新有聲片時代高票房紀錄的 9 年以後，國民黨「中央圖書雜誌審查委員會」對 8 首電影插曲予以查禁，其中，《漁光曲》被認為「消沉勞動者工作興趣，怨恨政府稅重，有鼓吹怠工、反抗租稅之嫌」而「無流行必要」（見「中央圖書雜誌審查委員會渝審處」1943 年 9 月 1 日呈文，原件存南京史料整理處[4]）。政府審查老爺們的智商指數，在哪個時代都可以隨著當局的獨裁意志無限向下調節〔註 8〕。

〔註 8〕 本章文字的主體部分（不包括戊、多餘的話），最初曾以《超階級的人性觀照和左翼電影新視聽模式的構建——以聯華影業公司 1934 年出品的高票房配音片〈漁光曲〉為例》為題向外投稿，但未獲發表，後將其中 4000 字整合進《1933～1935 年：從左翼電影到新市民電影——用 5 部影片單線論證中國國產電影之演變軌跡》（上）一文，發表於《浙江傳媒學報》2009 年第 5 期。收入《黑白膠片的文化時態——1922～1936 年中國早期電影現存文本讀解》一書時，列為第二十三章，題目是：《向新市民電影靠攏：超階級的人性觀照和電影新視聽模式的構建——〈漁光曲〉（1934 年）：變化中的左翼電影之四》。換言之，在 2009 年之前，我一直是將《漁光曲》歸屬於左翼電影序列，其原因，主要是自覺地受到主流研究觀點的規範，沒有深入考察影片的主題和版本問題。但很快，我修正了自己的觀點，並先後在 2009 年 12 月 31 日和 2010 年 12 月 31 日寫了第二稿和第三稿，論證其新市民電影的屬性特徵，（2015 年 11 月 26 日，我又寫了第四稿）。此次結集成書，本想用新的版本，但又考慮到兩個新的版本多有論證和自我辯駁的重複之處，還得附上舊版本供讀者鑒定，累贅不說，篇幅也不堪冗長。所以，我徑直在原先的第二十三章的基礎上修正了原有論點，成為現今的面目。但為了讓諸位更便捷地鑒別和批評我的思考歷程，我將正文中修正的部分，無論字句長短（甚至單字的變動或添加），都用黑體標出，除了證明我想效法梁任公「以今日之我非昨日之我」的先賢之風之外，還想用以說明我的治學愚笨以及期待接受批評、爭取進步的本來面貌。此外，本章的所有圖片，均為此次成書時新增。特此申明。

初稿時間：2005 年 11 月 25 日
二～三稿：2007 年 7 月 6 日～12 月 26 日
圖文修訂：2015 年 9 月 4 日～2016 年 1 月 26 日

參考文獻：

〔1〕 程季華，中國電影發展史：第 1 卷〔M〕，北京：中國電影出版社，1963。。

〔2〕 參見：http：//www.lifepop.com/podcast_view_%be%c9%c9%cf%ba%a3_
370233.html.

〔3〕 陳山，關於電影文化產業發展的幾點思考〔J〕，北京：影博‧影音（中
國電影資料館主辦），2009（1）：10。

〔4〕 程季華，中國電影發展史：第 2 卷〔M〕，北京：中國電影出版社，1963：
121。

〔5〕 王人美，我的成名與不幸——王人美回憶錄〔M〕，解波整理，北京：團
結出版社，2007：86。

Humanity View beyond Class and New Audiovisual Film Mode——Song
of the Fishermen（1934）：the Fifth Sample of New Citizen Films

Read Guide：Farmers having lost their lands flooded into cities to hunt jobs. Little
Cat and Little Monkey, brother and sister, were pushed out of line time and again.
All people in the line are poor, by rights belong to the same class, why don't they
sympathize one another? The reason is that it is the poor class that is more hungry
for material benefits, when it comes to individual survival. Dubbed film Song of
the Fishermen by Lianhua Film company in 1934 looks like a left-wing film,
viewed from thematic idea and characters, but in nature it is New Citizen Film
which extracts and borrows some thoughts conditionally and limitedly from

left-wing film. The undeniable fact is the film theme music with national culture style designed by left-wing people, especially interlude songs full of left-wing thoughts, objectively lay a foundation of cultural psychology and aesthetic taste for audience to accept audiovisual mode of Left-wing Film.

Key Words：Left-wing Film; New Citizen Film; beyond class; audiovisual mode; dubbed film; interlude song;

本章的第一、二張圖片爲《漁光曲》的 VCD 封面封底照，這是該片的 DVD 封面封底照。

第陸章 《都市風光》(1935 年)——
庸俗面對市場，技術取代思想

閱讀指要：

　　把《都市風光》中的人物基本上都看作是道德敗壞的男女流氓，或者，討論四個男女農民來自哪裏、在上海的生活是虛擬還是真實演繹，這些都不重要。重要的是，在上海的生活就是五光十色的西洋景，這是影片對觀眾集體想像和群體指認的形象化展示與概括。作為新電影，新市民電影肯定都市意識和城市文明並在文化層面予以炫耀性的即時消費，而同時期的左翼電影，則在一切價值判斷上有所批判，並且以激進的立場和姿態表明自身的前衛與政治訴求。作為中國第一部國產音樂喜劇片，《都市風光》不僅是以拍攝左翼電影起家的電通影片公司出品的第一部新市民電影，而且也是 1930 年代中國電影有聲化後，包括音樂在內的音響元素被藝術性地發揮到極致的成功典範。這意味著，從 1935 年開始，在以大量音樂元素作為必要組成建構中國電影主流模式的同時，新市民電影的音樂配置開始成為其主題思想的外掛標配，從而更好地擴大了其世俗化的社會影響、獲得了更多的市場性文化消費份額。

關鍵詞：電通影片公司；新市民電影；有聲片；動畫；音樂配置；

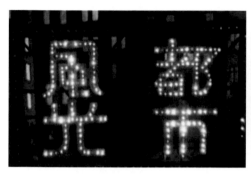 

專業鏈接 1：《都市風光》（故事片，黑白，有聲），電通影片公司 1935 年出品。

　　　　　　VCD（雙碟），時長：92 分 29 秒。

　　　　　　>>> **編劇、導演**：袁牧之；**攝影**：吳印咸。

　　　　　　>>> **主演**：張新珠、唐納、白璐、顧夢鶴、周伯勳、吳茵。

專業鏈接 2：編導、職員及演員與人物

　　　　　　編劇、導演：袁牧之；

　　　　　　攝影：吳印咸；

　　　　　　作曲：呂驥、賀綠汀、黃自、趙元任；

　　　　　　動畫：編導袁牧之，作曲：

　　　　　　賀綠汀，美術設計與繪畫：

　　　　　　萬籟鳴、萬古蟾、萬超塵、萬滌寰。

　　　　　　主演：唐納（飾演青年作家李夢華）、

　　　　　　　　　張新珠（飾演虛榮女子張小雲）、

　　　　　　　　　周伯勳（飾演小雲父）、

　　　　　　　　　吳茵（飾演小雲母）、

　　　　　　　　　白璐（飾演小雲家女傭）、

　　　　　　　　　顧夢鶴（飾演投機商人王俊三）、

　　　　　　　　　蔡若虹（飾演王俊三的陳姓秘書）、

　　　　　　　　　藍蘋（飾演王俊三的女友）、

　　　　　　　　　袁牧之（飾演街頭賣藝小販）〔註1〕。

〔註 1〕 《都市風光》的 VCD 版本《演職員表》缺失，以上信息根據《中國電影發展
　　　　史》第一卷的相關資料 [1] P391～393 [1] P619 標出；其中，作曲者趙元任的名字根
　　　　據朱天緯論文《孫師毅的電影歌曲歌詞創作》（《當代電影》2008 年第 10 期，
　　　　第 41 頁）補入。

專業鏈接 3：鏡頭統計

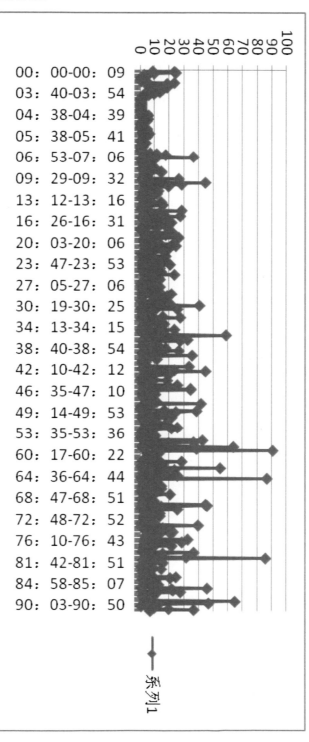

說明：《都市風光》全片時長 92 分 29 秒，共 584 個鏡頭。其中：

甲、小於和等於 5 秒的鏡頭 294 個，大於 5 秒、小於和等於 10 秒的鏡頭 118 個，大於 10 秒、小於和等於 15 秒的鏡頭 60 個，大於 15 秒、小於和等於 20 秒的鏡頭 40 個，大於 20 秒、小於和等於 25 秒的鏡頭 26 個，大於 25 秒、小於和等於 30 秒的鏡頭 16 個，大於 30 秒、小於和等於 35 秒的鏡頭 6 個，大於 35 秒、小於和等於 40 秒的鏡頭 8 個，大於 40 秒、小於和等於 45 秒的鏡頭 6 個，大於 45 秒、小於和等於 50 秒的鏡頭 3 個，大於 50 秒、小於和等於 55 秒的鏡頭 1 個，大於 55 秒、小於和等於 60 秒的鏡頭 1 個，大於 60 秒、小於和等於 65 秒的鏡頭 2 個，大於 65 秒、小於和等於 85 秒的鏡頭 0 個，大於 85 秒、小於和等於 90 秒的鏡頭 2 個，大於 90 秒、小於和等於 95 秒的鏡頭 1 個。

乙、片頭鏡頭 1 個，片尾鏡頭 1 個；字幕鏡頭 0 個。

丙、固定鏡頭 447 個，運動鏡頭 136 個。

丁、遠景鏡頭 33 個，全景鏡頭 63 個，中景鏡頭 152 個，中近景鏡頭 29 個，近景鏡頭 192 個，特寫鏡頭 113 個。

（圖表製作與數據統計：李梟雄）

專業鏈結 4：影片經典臺詞

「到上海不就有好吃的了麼？」——「對，到了上海就有好吃的了」。

「告訴你們小姐我來了」——「小姐說誰來了都不在家」。

「幾點鐘了？」——「兩點鐘」——「已經兩點鐘啦？這塊表很不錯」。

「對不起，現在什麼時候了？」——「喏，看看你自己的表吧」。

「媽，聖誕節快到了，我還要去吃喜酒，做一身這樣的衣服好不好？」——「做衣服？你看多少天沒帶錢回來了？老混蛋」。

「我不管，我要錢！」──「喏，這有一張用不掉的五塊奉天票子，你拿去用用看吧」。

「我要把這個狐狸毛拿走」──「不行！」──「不！我不管」。

「就按照一般的手續吧」──「那真是笑話呢」。

「我頂討厭付賬的時候拉拉扯扯的」──「讓我先把賬付了再說吧」。

「張小姐，我現在陪你去找好嗎？」──「我自己會打電話去找的，用不著你管。你先回去吧！」──「對不起」。

「老爺，太太問你過年的錢帶回來沒有？」──「錢？東西不就是錢？」

「外面下雪了，給我丟兩塊錢下來」──「你多少天沒有帶錢回來了？還想要錢？一個銅板都沒有！」

「小雲今天穿這麼漂亮，她哪來的錢呢？」──「我是沒錢給她的。」──「我也沒有錢啊」。

「老糊塗，你的女兒呢？我可管不了」。

「你的東西都拿回去，以後不要來找我了。」──「那你要跟王老闆結婚的消息是真的啦？」──「我還有很多工作要做，出去了」──「狐狸，狐狸！」

「不要傷心小雲，這就算是我送給你最後的禮物吧」──「文華，我太後悔了」。

「我吃了安眠藥自殺了」──「你看，我叫你不要把房子租給讀書人吧？」──「快送醫院吧！」──「送醫院？房錢沒拿到，還要掏醫藥費」。

「你以為你丈夫是好人麼？你知道電話是誰打來的？」──「女人嗎？」

專業鏈結5：影片觀賞推薦指數：★★☆☆☆

甲、前面的話

　　《都市風光》出品時間是 1935 年，影片能夠留存至今並且不得不被人提及，無論從哪個角度說，都多少與其中的一個女演員有關。這一年她 21 歲，剛加入電通影片公司不久，先後參加了《自由神》及《都市風光》的拍攝，出任配角併兼任美工助理、場記，同時與唐姓男主演結婚〔註2〕。這個女演員原名李進孩，乳名二妮，上小學時先生給她改名李雲鶴，1930 年代初進入上海電影界時用的藝名叫藍蘋，1938 年又改稱江青〔註3〕。在現存的、公眾可以看到的 1935 年的五部影片中，電通影片公司的作品就有兩部，即《風雲兒女》和《都市風光》。藍蘋只在後一部影片中扮演一個小角色，談不上什麼特別的色相品位或表演風格，看上去任何一個職場女演員都可以替代。

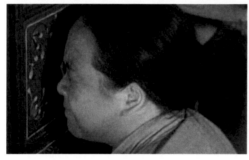

〔註 2〕 江青（1914～1991），山東省諸城縣人。電通影片公司解散後，她於 1936 年加入聯華影業公司，再次作爲配角參加《狼山喋血記》和《聯華交響曲》（其中短片之一《兩毛錢》）的拍攝。1937 年 2 月，她首次作爲女主角出演蔡楚生編導的影片《王老五》，作爲電影藝人，這也是她最後一次專業出鏡；6 月以後，她被「聯華」公司解聘；7 月，「七・七事變」爆發後，她離開上海到延安，1938 年與毛澤東結婚。1949 年至 1960 年代初，江青在中國大陸的社會影響和公開從事的工作似乎依然與電影有關，譬如在 1950 年擔任中央政府文化部電影指導委員會委員，同時任中共中央宣傳部電影處處長——當時中央電影局局長是袁牧之，副局長兼藝術委員會主任爲蔡楚生，藝術委員會副主任兼電影局藝術處處長是袁牧之的妻子、當年「電通」公司的知名影星陳波兒[2]。

〔註 3〕 對這個名字，人們一般會聯想到這是「青出於藍而勝於藍」的寓意，（年輕時的江青曾用過李鶴這個名字；1960 年代，還有一個工作上的名字稱李進）；「江青」本意應該還有一層出自唐詩的意思：「曲終人不見，江上數峰青」（錢起：《省試湘靈鼓瑟》）。在她的權力達到巔峰的時候，江青曾公開發表過一首詩作，迄今爲止，這是 1949 年後在中國大陸產生重大影響的舊體詩之一。詩云：「江上有奇峰，鎖在雲霧中；尋常看不見，偶而露崢嶸」。與此詩相和的，是跟她的第一夫人地位相匹配的那位傑出男人寫的《贈李進同志》，此詩大氣磅礴、意境雄渾，曰：「暮色蒼茫看勁松，亂雲飛渡仍從容；天生一個僊人洞，無限風光在險峰」。兩首詩同時發表於 1960～1970 年代中國大陸的「文化大革命」時期，人、詩絕配，一時無雙。

　　無論在討論中國電影史還是中國音樂傳播史時，這兩部影片的重要性和地位都不容忽視：《風雲兒女》的插曲《義勇軍進行曲》在 1949 年成為中國人民共和國的「代國歌」；其次，《都市風光》是中國電影史上第一部國產音樂喜劇片[1] P391；它不僅是以拍攝左翼電影起家的電通影片公司出品的第一部新市民電影，而且也是 1930 年代國產電影有聲化後，包括音樂在內的音響元素被藝術性地發揮到極致的成功典範。由於電影一開始就是中國大都市的文化產物，因此，有聲化後的電影必然要表現和借助包括音響在內的諸多音樂元素。《都市風光》的音樂配置既是中國電影與外國流行音樂和本土音樂比較完美的結合與體現，也是 1935 年後以大量音樂元素作為支撐和必要組成部分的新市民電影聲畫模式的代表成果和努力方向之一。

乙、電通影片公司與新市民電影《都市風光》

　　在中國電影歷史上，「電通」是眾多應運而生的製片公司之一。它本是三個留學美國的理工科學生司徒逸民、龔毓珂和馬德建在 1933 年創辦的電影器材製造公司，以經營自有專利「三友式」電影錄音放音設備為主[1] P379。當時國外的有聲電影及其相關技術已經進入中國，但價格昂貴，「電通」公司的產品質量並不比國外同類產品遜色，但價格卻相對便宜，公司經營得非常好；由於業務的關係，公司和電影界多有聯繫，他們應該是直接感受和注意到了電影製片市場回報更好的這個事實，譬如新興的左翼電影和新市民電影的市場前景.因此，與其只賣電影器材，還不如利用自身的技術優勢增加製片業務自己來拍電影便成為公司同人的共識。

更有利的條件是，通過司徒逸民的堂弟司徒慧敏的關係，一批知名的左翼電影人士參加公司的運作[1] P379。1934年，「電通」將公司改爲製片公司，並於年底出品了第一部影片《桃李劫》[1] P380。到1935年年底公司結束製片業務，在一年半的時間裏，電通影片公司拍攝了四部有聲片，其中，《桃李劫》和《風雲兒女》都是左翼電影經典，而且兩部影片的插曲《畢業歌》和《義勇軍進行曲》都流傳至今；現在，只有《自由神》沒有公開留存的拷貝；第五部準備投拍的電影《壓歲錢》在公司結束製片業務後，連同主創人員一併轉入明星影片公司，影片於1937年元旦公映，也是新市民電影的經典樣本之一。

電通影片公司在不到一年半的時間裏，出品四部電影，現在能看到的三個都是1930年代中國電影的經典和代表作品，其成就和製片路線的轉換值得注意。因爲在《都市風光》之前，或者說，在大陸傳統的中國電影史的表述和相關研究中，電通影片公司一直被認爲是左翼電影生產的中心、稱之爲「左翼電影運動的新陣地」，認爲其作品都是左翼電影的重要代表[1] P378。問題是，看完《都市風光》後就會發現，影片實際上是屬於與左翼電影完全不同的新市民電影形態。

　　《都市風光》以一個小商人的女兒張小雲爲主線，描述了她同時和兩個男人鬼混、最後財、色兩失的故事，藝術化地展示了上海弄堂裏那些男男女女庸俗委瑣的生活狀態。這顯然是一部典型的新市民電影，即以庸常的市井生活爲題材和賣點，既沒有尖銳的批判性和激進的革命思想，也沒有時代先鋒性質的人物形象。換言之，這部電影在思想性上自始至終一無可取，與當時時興的左翼電影品質根本不能相提並論，只不過，它是由一個拍攝左翼電影起家並因此獲得一定聲譽的製片公司拍攝的。這說明，雖然左翼電影在1930年代成爲中國電影史上非常強勢的一股潮流，但不過是時代主潮的支流之一。左翼電影與「軟性電影」，以及新興的新市民電影、新民族主義電影、國防電影（運動）一起，共同構成1937年7月之前的中國電影風貌〔註4〕。

　　1930年代興起的新市民電影，與代表1920年代中國電影面貌的舊市民電影的區別之一，就是對都市意識、城市文明持歡迎態度並在文化層面予以炫耀性的即時消費，而舊市民電影即使涉及城市文化也大多選取獵奇角度，並且總要在農耕文明和傳統文化中尋求價值依託；左翼電影則在一切價值判斷上有所批判，並且以激進的立場和姿態表明自身的前衛與政治訴求。因此，把《都市風光》中的人物看作道德敗壞的男女流氓或者蠅營狗苟市井小民，都無關宏旨，因爲影片的重點就在有意識地展示都市生活及其人物的行爲意識。

〔註4〕對於「軟性電影」，由於現在公眾無從見到影片文本，因此，以往很長一段時期內對它的類型劃分和歷史性討論，可參見《中國電影發展史》第一卷第四章第七節的觀點）第396～411頁）；對左翼電影—國防電影的個案討論以及新民族主義電影的界定與個案研討請參見拙著《黑白膠片的文化時態——1922～1936年中國早期電影現存文本讀解》和《黑夜到來之前的中國電影——1937年現存國產影片文本讀解》的相關章節。

　　譬如影片的開頭，四個鄉下男女在火車站吵著要去上海，然後用西洋鏡的鏡頭虛擬了他們進入這個大都市後的生活，影片結尾，再回到他們在兩列即將相向而行的火車上上下下、無從選擇的場景。影片側重的是對上海的都市風貌和各階層人物的逐一展示：從男女偷情、金錢交易、股票投機到電影院的迪斯尼卡通大片展映、狂歡的聖誕舞會，從洋行買辦、青年作家、房東太太、典當行小業主到舞場侍應生、與人私奔的女僕，極力營造光怪陸離，各色人等的城市眾生相，背景音樂則不時配以美國的流行音樂和歌曲。

　　事實上，《都市風光》與 1930 年代的許多中國電影一樣，對於城市生活尤其是上海為代表的現代都市生活的表現都是刻意為之的；（這一點可以追溯到 1920 年代的舊市民電影，譬如長城畫片公司 1925 年出品的《一串珍珠》）；而《都市風光》的平面化和喜劇化的表達，又在思想深度上遠遠遜色於同時期的左翼電影，譬如「電通」公司自己在此之前拍攝的《桃李劫》（編劇：袁牧之；導演：應雲衛）和《風雲兒女》（原作：田漢；分場劇本：夏衍；導演：許幸之）。

　　因此，《都市風光》中的人物，不論其精神狀態、生活水平如何，都活動於城市背景中。四個男女農民來自哪裏，在上海的生活是虛擬還是真實演繹其實都不重要。重要的是，在上海的生活就是五光十色的西洋景，這是影片對觀眾集體想像和群體指認的形象化展示與概括。因此，《都市風光》中的人物形象及其行為意識只有在城市的背景下才有表演和評述的意義，譬如以金錢為紐帶和唯一衡量標準的男女關係與戀愛觀念。

　　對比同時期的左翼電影就會發現，同樣是涉及都市意識和金錢、戀愛觀念，左翼電影表現的是一種強烈批判的否定態度和絕對激進的前衛立場。譬如在《風雲兒女》中，有錢的太太在追求革命和進步的左翼青年眼裏，只不

過是死屍一樣的過氣女人，所以編導給她取名「史太太」；影片最後，則安排男主人公華幡然悔悟，跑到東北去尋找他同一階級的戀人共同抗擊日軍侵略。在《桃李劫》中，已經躋身於有產階級的男女主人公，恰恰是因為出於對資產階級及其道德觀念的唾棄和反抗，才最終導致被金錢至上的、不人道社會無情毀滅的結局。而在《都市風光》中，觀眾看不到類似的批判，而是同所有的新市民電影一樣，僅僅局限並熱衷於喜劇化的嘲諷、表現、調侃。就此而言，影片的主題和它裝載的人物一樣淺薄無聊。

丙、新市民電影製片路線與技術主義主導下的藝術特色

作為第一部國產音樂喜劇片，《都市風光》在形式與內容兩者上的權重比例失衡是可以理解的。事實上，就個案角度而言，《都市風光》唯一的價值和意義，在於影片以技術技巧取勝的外在藝術形式及其表現特色，並彌補了主題思想的內在缺陷。就1930年代相對於舊市民電影而言的新電影形態而言，《都市風光》對音響和動畫技術的偏重與純熟運用，既是「電通」公司自身專業背景的自然體現，也是新市民電影注重新技術以爭取電影市場利益最大化的製片路線的直接反映。

子、聲音（音響、音效）和畫面的結合

就現存的、公眾可以看到的 1930 年代的中國電影而言，1933 年和 1934 年的配音片都不能很好地解決聲畫配置問題，兩者不能同步是最明顯的缺陷。譬如明星公司 1933 年出品的《春蠶》，以及聯華影業公司 1934 年出品的《大路》、《新女性》和《漁光曲》等。眞正意義上的有聲電影，應該是從明星公司 1933 年出品的《姊妹花》和《脂粉市場》（還有《二對一》）算起，但它的聲音（包括音樂），不過是字幕電影（默片）的有聲版，只有依附作用而缺乏獨立品質，技術與藝術還沒有整合統一在一起。正是在這個角度上，以往的電影史研究，將「電通」公司在 1934 年出品的《桃李劫》看作是「中國第一部以有聲電影手法創作的影片」，因為，「音響第一次成為一種藝術表現的手段」[1] P384 。

「電通」公司的專業技術背景譬如對音響本體意識的開發和使用，實際上在《桃李劫》中已經爲 1935 年的《都市風光》奠定了技術與藝術整合統一的基礎。除了聲畫同步問題已經很好地解決之外，觀眾印象最深的細節，恐怕就是《都市風光》對人物對話的獨特處理：張小雲的父親、那個典當行小業主爲了生計、窮於應付，在家裏和老婆女兒吵，到了店裏和帳房先生吵，吵來吵去的內容其實就是一個「錢」字。如果使用臺詞對白，既沒有意思也浪費筆墨，結果影片中對這些爭吵一律用「嗚哩哇啦嗚」的擬聲替代，稱得上是鬼斧神工、化腐朽爲神奇。

丑、影片的音樂配置

1930 年代的中國電影之所以有新、舊之分，除了有聲與無聲（默片）的技術區別、舊市民電影與新市民電影以及左翼電影的類型不同外，還在於新電影元素即音樂（主題音樂、插曲）和歌舞成份的有無和應用與否。

應該承認，1934 年的配音片已經注意到了新電影元素的應用，並將音樂譬如主題曲和插曲與影片主題有機地結合，成功的範例就是《漁光曲》、《大路》和《桃李劫》。但《都市風光》的音樂配置並不僅僅局限於此，事實上它盡可能地擴大其使用範圍，除了擬聲之外，還用於轉場和人物心理的描摹──還原在 1930 年代的時代背景中，不得不承認，《都市風光》的確做得比較出挑。

　　這主要是指卡通（動畫）的加入和使用。對於很少接觸 1930 年代電影的觀眾而言，這是絕對無法想像的。因此，它體現了新市民電影《都市風光》的現代電影意識，即對新興元素的即時借助和實時消費。這些卡通（動畫）是著名的萬氏兄弟（萬籟鳴、萬古蟾、萬超塵、萬滌寰）的傑作[1] P392，即使今天看來也不是過時。更讓人覺得特別親切的是影片中米老鼠（Mickey）形象。這段影片中的影像還有「互文」的效果，即銀幕上的米老鼠向戀人求愛的尷尬處境，恰恰又是電影院中張小雲和她的追求者之間關係的寫照，用得非常自然和貼切。

寅、影片節奏的掌控

　　這裏之所以強調節奏，是因為《都市風光》裏的男女流氓故事是一個老套的故事，不大可能翻出太多新意。就這一點而言，新市民電影絕不會比舊市民電影更佔優勢。換言之，對這種「雙鳳求凰」、多角戀愛的敘事套路，作為電影製片行業的後起之秀，「電通」是沒有多少底氣能跟「天一」、「明星」這樣的大公司去拼的。所以，《都市風光》在節奏上就體現出編導的良苦用心──揚長避短。反正是老故事，情節不是最重要的，對話甚至可以用擬聲代替，重要的是把這個故事講給愛挑剔、又精於此道的城裏人去消費，那麼當然影片首先要做得好看才好賣。

　　相對而言，同時期的左翼電影大多有一個致命的缺陷，那就是因爲承載過多意識形態宣教功能，主題的沉重拖累了影片敘事的節奏，這包括譬如《桃李劫》和《風雲兒女》這樣的經典之作：整體節奏緩慢，對話刻意爲之，反倒形成拖沓之勢。而《都市風光》主題思想的淺薄和平偏，反倒能輕裝上陣，盡可能地借助和運用新電影元素直奔市場賣點，最大程度滿足大眾感官的視聽娛樂、審美和消費心理需求。

卯、技巧上所體現出的現代意識

　　就整體角度而言，如果多看幾部1930年代的中國電影就會發現，能夠讓觀眾出乎意料的電影眞的不是很多。一些經典的左翼電影、新市民電影能夠帶給人們很多思考和想像的空間，但是就其結構而言，像《都市風光》這種在整體構思和細節處理上，如此用心機巧的還不多見。譬如轉場的使用：張小姐對王經理「獻身」的那一幕，用洋娃娃雙腿分開過渡。又譬如借景的使用：張小雲的爹去找王經理算賬——想爲自己女兒的貞節討個高價，同時那邊廂王經理和陳秘書還忙著股票市場上的買賣交易；三方一問一答，相互交錯，機巧地構成一場「失身與貨幣補償談判」，最後達成「年底交貨」的協議，並以「收訖」成交簽章收場。這一段節奏非常快，人物、場景、對話交叉編織，鏡頭對切頻繁，編導上下其手，頗見機心。

　　1926年，美國華納兄弟影片公司開始攝製有聲電影，四個月後美國有聲影片和相關放映設備進入上海；1929年，號稱「百分之百的有聲片」替代無聲影片，覆蓋了早已壟斷的中國放映市場[1] P156~157。1931年，明星影片公司和友聯影片公司分別出品了首批臘盤發音的有聲片《歌女紅牡丹》和《虞美人》[1] P162；同年，大中國影片公司和暨南影片公司租用日本發聲映畫公司的設備合作出品的《雨過天青》、天一影片公司租用美國公司的人

員設備出品的《歌場春色》，成爲中國最早的片上發音的有聲電影[1] P164～165。到1935年《都市風光》出品，不到九年的時間，中國電影完成了從默片到有聲、再到音樂喜劇片的嬗變歷程。僅從藝術形式上來講，電通影片公司就值得寫上一筆。

丁、結語

　　然而說到底，《都市風光》只是一部用庸俗面對市場，以技術取代思想的新市民電影，無論能找出怎樣的批判元素，也肯定不是左翼電影。因爲左翼電影有幾個基本特徵或界定標準，譬如第一，以階級性區分善惡（好人或壞人）；第二，鼓吹階級鬥爭，宣揚革命思想尤其是暴力革命；第三，替弱勢群體伸張正義，批判、否定資產階級、有錢階級和強力階層；第四，有大力歌頌、肯定的正面人物形象……等等，《都市風光》一條也不符合。譬如女主人公張小雲的女僕以及和她私奔的王經理的秘書，屬於舊市民電影中攜款潛逃的姦夫淫婦類型；唐納飾演的所謂青年作家李夢華，也不過是一個無聊文人、遊手好閒之徒，根本沒有左翼電影中知識青年的精神氣質。

　　《都市風光》能夠留存至今並且不得不被提及，多少又與研究者的時代意識和考量角度有一定的關係。作為電影與音樂比較完美結合的範例式作品，其歷史地位和藝術貢獻不容忽視。譬如至今人們熟知的《十字街頭》和《馬路天使》（均為明星影片公司1937年出品），其影片的廣泛影響，與其中的插曲《四季歌》和《賣報歌》的廣泛傳唱不無關聯。而這一切，又不能不歸功於電通影片公司1935年在《都市風光》中的卓越貢獻。譬如，由呂驥、賀綠汀、黃自共同創作的插曲[1] P392，尤其是趙元任譜曲的主題歌[3]，都從本土音樂中汲取大量民族元素。到1930年代中期，國產電影不僅全面取代無聲片而轉向有聲電影的製作，而且音樂元素尤其是對國內外流行音樂的大力借助，已經成為電影不可或缺的必要組成部分。

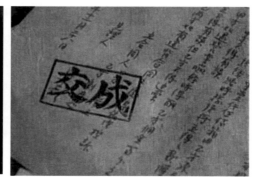

戊、多餘的話

子、自然旋律

　　《都市風光》的開始部分和結束處，由編導袁牧之扮演的西洋鏡小販哼唱的主題曲，與聯華影業公司在1934年出品的配音片《大路》中的《大路歌》有異曲同工之妙：能夠恰到好處地在你腦際間迴旋不已，令人一聽之下回味不已、很難忘懷，有一種合乎自然音律的魔力。事實上，好的音樂旋律是與自然音韻合拍的。

丑、服務意識

　　當年上海商業服務業強烈的、非常到位的專業意識，至今仍有現實意義。譬如張小雲去裁縫店做衣服，對她提出的所有要求，包括借用電話，服侍她的夥計永遠都是一個字的恭敬回應：行；又如窮作家李夢華請張小雲去跳舞，

掏錢買舞票時不小心把當手錶的當票遞了過去，服務生看了看說：你的表幾點了？──服務生並沒有說：你給我的不是鈔票〔註5〕。

初稿時間：2005 年 10 月 11 日
二稿時間：2006 年 11 月 9 日
三稿改定：2008 年 1 月 5 日～18 日
圖文修訂：2015 年 9 月 10 日～16 日

參考文獻：

〔1〕 程季華，中國電影發展史：第 1 卷〔M〕，北京：中國電影出版社，1963。
〔2〕 潮之南：http：//post.baidu.com/f?kz=164518508。
〔3〕 趙新那，黃培雲，趙元任年譜〔M〕，北京：商務印書館 1998：201～202。

Scene of Shanghai (1935) ──Use Vulgarity to Appeal to Market, Technology to Replace Ideas

〔註5〕 本章文字的主體部分（**不包括戊、多餘的話**），最初曾以《1930 年代中國國產電影對音樂元素的運用開發──以電通影片公司 1935 年出品的音樂喜劇片〈都市風光〉爲例》向外投稿，但未獲發表，後將其中約 6000 字整合進《1933～1935 年：從左翼電影到新市民電影──用 5 部影片單線論證中國國產電影之演變軌跡》（下）一文，發表於《浙江傳媒學院學報》2009 年第 6 期（杭州，雙月刊）。收入《黑白膠片的文化時態──1922～1936 年中國早期電影現存文本讀解》時，列爲第三十章，題目是：《用庸俗面對市場，以技術取代思想──〈都市風光〉（1935 年）：新市民電影樣本讀解之四》。現今正文及**注釋**中的黑體字部分，是結集成書時被出版社刪節的部分。此外，本章的所有圖片，均爲此次成書時新增。特此申明。

Read Guide：It is not important to discuss that the main characters of Scene of Shanghai are all immoral men and women, where the four bastards come from, whether their lives in Shanghai are real or fictional. What matters is that the life in Shanghai smells like bustling western city, which reflects vividly that the film assumes audience have this collective taste. New Citizen Film claims city awareness and city civilization, and shows off the idea in cultural fields. Left-wing Film at the same time, however, keeps critical attitude to all values, and conveys avant garde and political appeal with radical stand and position. The first Chinese music comedy, Scene of Shanghai, is not only the first New Citizen Film by Dian Tong Film Company that grows up from Left-wing Film, but also a successful model since Chinese sound films appeared in 1930s, because the artistic elements of the film such as music were designed perfectly. That means film music has been a necessary element serving theme in New Citizen Film since lots of music elements were embedded in Chinese main stream films in 1935. In this way, New Citizen Film enlargs its social effect, and gains more cultural market share.

Key Words：Dian Tong Film Company; New Citizen Film; sound film; animation; film configuration

本章的第一、二張圖片爲《都市風光》的 VCD 封面封底照，這是該片的 DVD 封面封底照。

第柒章 《船家女》(1935年)——
借左翼電影的名頭

閱讀指要：

　　男主人公高大英俊、見義勇為、勤勞質樸、忠於愛情，女主人公美麗純潔，對老父孝順、對男友癡情。而且兩人還都具有無產階級共同的經濟品質，那就是——窮。但影片是將高潮設置在妓院的打鬥（群毆）戲份，卻顯露了新市民電影無法與左翼電影核心品質——階級暴力和社會革命立場訴求——的本質差異。《船家女》的這種人物形象符合左翼電影的「標配」與主題思想上無法對接的低端接口配置表明，到了1935年，新市民電影在更多繼承舊市民電影的傳統題材、審美趣味的同時，繼續及時利用、吸收電影新技術（有聲技術）和左翼電影元素，迅速地和有選擇地將其轉化為市場賣點，並始終從庸常的表述和世俗生活的角度增強影片的藝術性和趣味性。

關鍵詞：左翼電影；舊市民電影；新市民電影；市場賣點；妓女；插曲；

專業鏈接 1：《船家女》(故事片，黑白，有聲)，明星影業公司 1935 年出品。

VCD (雙碟)，時長：時長 101 分 15 秒。

>>> **編劇、導演**：沈西苓；**攝影**：嚴秉衡、周詩穆。

>>> **主演**：高占非、徐來、胡茄。

專業鏈接 2：原片片頭字幕及演職員表字幕 (標點符號均爲錄入者添加)

明星出品。全部對白有聲歌唱鉅片。明星影片公司攝製。《船家女》。

置景：董天涯、經禮庭；

攝影：嚴秉衡、周詩穆；

收音：何兆璜、何兆璋、何懋剛；

歌曲：賀綠汀；

洗印：顧友敏；

剪接：錢筱璋；

劇務：劉托天。

編劇、導演：沈西苓。

高占非——鐵　兒；徐　來——阿玲。

演員表 (以出場先後爲序)：

　老　者——嚴工上，老　者——唐巢父，青　年——李　清，

　阿　玲——徐　來，阿玲父——朱孤雁，鐵　兒——高占非，

　阿　瑛——胡　茄，大胖子——譚志遠，嬸　母——柳金玉，

　闊　少——孫　敏，浮　少——王吉亭，闊少友——孫　敬，

　工　人——梅　熹，小老蟲——董湘萍。

專業鏈接 3：鏡頭統計

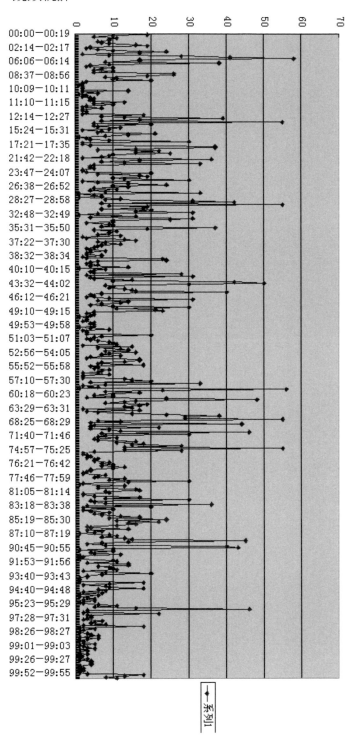

說明：《船家女》全片時長 101 分 15 秒，共 557 個鏡頭。其中：

甲、小於和等於 5 秒的鏡頭 234 個，大於 5 秒、小於和等於 10 秒的鏡頭 143 個，大於 10 秒、小於和等於 15 秒的鏡頭 64 個，大於 15 秒、小於和等於 20 秒的鏡頭 50 個，大於 20 秒、小於和等於 25 秒的鏡頭 17 個，大於 25 秒、小於和等於 30 秒的鏡頭 15 個，大於 30 秒、小於和等於 35 秒的鏡頭 8 個，大於 35 秒、小於和等於 40 的鏡頭 10 個，大於 40 秒、小於和等於 45 秒的鏡頭 6 個，大於 45 秒、小於和等於 50 秒的鏡頭 4 個，大於 50 秒、小於和等於 55 秒的鏡頭 4 個，大於 55 秒、小於和等於 60 秒的鏡頭 2 個，60 秒以上的鏡頭無。

乙、片頭鏡頭 11 個，片尾鏡頭 1 個；字幕鏡頭 2 個，其中交代劇情的鏡頭 0 個，交代人物鏡頭 0 個，對話鏡頭 2 個。

丙、固定鏡頭 486 個，運動鏡頭 59 個。

丁、遠景鏡頭 0 個，全景鏡頭 52 個，中景鏡頭 237 個，近景鏡頭 218 個，特寫鏡頭 38 個。

（圖表製作與數據統計：玄莉群）

專業鏈結 4：影片經典臺詞

「年歲一天一天的壞，窮的人一天一天的窮下去。在這個世界上，做人也是活受罪」。

「俗語說，上有天堂，下有蘇杭。可是這兩年來的蘇杭也不是天堂了。唉……回想到過去的六十年中的事事物物，真叫人不禁滄桑之感吶！」

「年紀老了的不中用，咱也用不著傷感嘍！你瞧，今兒這麼好的天氣，暮光山色，好一片秋景啊！」

「這麼多外國的東西都賣到中國來了，中國的工廠都關了門了，這一大批的男工女工到什麼地方找飯吃哦？阿玲，你跟小瑛一比，可算在天堂上了——你還有這年老的爸爸，你還能吃這碗熱飯」。

「唉……天下沒有好人了」。

「總算還有一個大哥可憐我老頭子，早早晚晚地給我來搖船。世界上要是有好人的話，那就算他這樣一個人了」。

「啊，你們真是上海人，到這個時候還不起來」。

「我不愁吃不愁穿，國家大事更用不著我們來管，在女生身上，搞出一件美來，這不是更有趣的事情嗎？哈哈哈，女性的美是這麼美啊！」——「噢？原來藝術家不過如此，我也想做啊！可惜我沒錢」——「哼，那你就不夠做藝術家的資格了！」——「嗯？那我做不到藝術家，我就做一個藝術的叛徒好了」——「呵呵，好一個藝術的叛徒！什麼是藝術的叛徒呢？」——「呵呵，這是有來歷的。我有一次遇見一個多年沒見的中學時代的同學，他把藝術說了一大通，我簡直都弄不清楚。後來，他簡單地說，『藝術就是大多數飢寒交迫人們的食糧』。我當時啊，笑得眼睛都睜不開了。我想，我又不飢又不寒，我當然用不著他的藝術了。我就說，『我是藝術的叛徒！』現在聽孫大哥這麼一說呀，藝術又另是一套，這倒很合我的脾胃了。可是你又說我不配，這不是豈有此理嗎？」

「什麼？聽死？我們是為了死才活著的嗎？我們這麼苦，這麼賣力氣地幹，原來就是為了死嗎？」

「這樣子才是法國名畫裏面有的呢」。

「打死這吃人的老虎！打出這黑暗的地獄！」

「啊？《瘋人大鬧妓院——說不盡的曲折離奇，訴不盡的悲歡離合》。唉……這個世界怎麼得了啊！」

專業鏈結 5：影片觀賞推薦指數：★☆☆☆☆

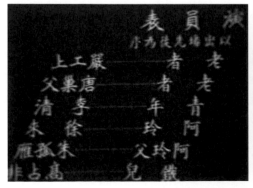
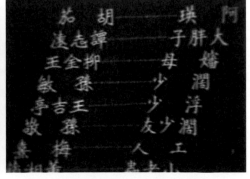

甲、前面的話

就現存的、公眾可以看到的影片而言，左翼電影實際上肇始於 1932 年，即由孫瑜編導、聯華影業公司出品的《野玫瑰》和《火山情血》爲標誌，（我原先稱之爲早期左翼電影）；1933～1935 年是研究界公認的左翼電影興盛時期，其標誌是完全意義上的和經典影片的問世，譬如聯華影業公司 1933 年出品的無聲片《天明》、《小玩意》、《母性之光》，1934 年出品的配音片《新女性》、《大路》和無聲片《神女》，以及電通影片公司同年出品的有聲片《桃李劫》。

到 1935 年，左翼電影已經發生很大的變化，特徵之一就是新市民電影和左翼電影的交流、互滲趨勢已經形成，譬如電通影片公司的《風雲兒女》，成功地突破了先前左翼電影單純注重理念傳達和意識形態宣傳的模式，更多地突出、強化了電影的藝術性和市場性。實際上，「電通」在這一年出品的《都市風光》，已經完成了向新市民電影的變軌生產﹝註1﹞。

換言之，左翼電影與新市民電影的先後出現和此消彼長，是時代和市場雙重演進、需求的結果，它們共同構成 1937 年 7 月抗日戰爭爆發之前中國電影主流的總體風貌。在 1932 年左翼電影出現之前，以家庭倫理、才子佳人題材和武俠片爲主的舊市民電影形態，一直是中國電影的全部體貌。1933 年，明星影片公司出品的有聲片《姊妹花》在上海首輪影院連續放映 60 餘天[1]P239，創造了有聲片時代第一個國產影片高票房記錄，這標誌著新市民電影的出現，也意味著舊市民電影被左翼電影和新市民電影完全取代。

﹝註 1﹞對這裏提到的幾部左翼電影的個案討論的具體意見，請參見本書第三章《內在品質和外在形式決定了要與左翼電影分道揚鑣——〈二對一〉（1933 年）：新市民電影讀解之三》的注釋﹝註3﹞。

在傳統承接和藝術發展的層面上，左翼電影和新市民電影都脫胎於舊市民電影，都不同程度上借鑒、借助或甚至沿襲了其表現手法、敘事策略等結構性元素，譬如鬧劇、噱頭、打鬥和多角情感線索設置等等。作爲新電影，左翼電影是以新思想、新人物、新角度和新的時代氣息取勝，新市民電影則在更多繼承舊市民電影的傳統題材、審美趣味的同時，及時利用、吸收電影新技術（有聲技術）和左翼電影的思想元素，迅速地和有選擇地將其轉化爲市場賣點。

從政治、文化的角度上看，左翼電影立場激進、姿態前衛、開掘深廣，宣傳階級意識、頌揚暴力革命，（**間接地爲 1949 年後大陸新政權在國家意識形態與文化建設領域的話語體系奠定了基礎**）；新市民電影除了與左翼電影一樣堅持民族主義立場外，政治主張和主題思想相對保守，更注重影片的藝術性、趣味性，多從庸常的角度和表述展示世俗生活，（其價值觀念和藝術精髓在 1949 年後基本被香港和臺灣電影承接、光大）。作爲新市民電影，1935 年明星影片公司出品的《船家女》，就是借助左翼電影的思想和市場元素，體現出新市民電影製作路線和自身特色的又一個讀解樣本。

乙、民族主義立場、階級觀念和暴力反抗上的「左翼」面貌

《船家女》對左翼電影思想元素的吸收，首先體現政治象徵性的有意強調上，這是站在民族主義的立場和角度上完成的。故事的背景地被設置於杭州〔註2〕，影片一開始，女主人公阿玲和她的父親駕著遊船在西湖上招徠遊

〔註2〕 這在 1930 年代的電影中比較少見，因爲一般來說，上海是幾乎所有影片的背景性地區。這是因爲，民國政府、執政黨及其黨魁的財政和人脈資源來自和集中在富庶的江南地區（譬如江浙財團的支持），因此，1928 年民國政府定都南京後 [3]，作爲中國經濟中心的上海，又迅速成爲政治、文化中心。而從外

客，呼喚大家「看岳墳去」。西湖是著名的風景遊覽地，同樣著名的景點有許多，譬如「三潭映月」、「雷峰夕照」什麼的，「岳墳」只是其中景點之一，但放在這裏，卻與當時敏感的中日戰爭時局有關。中國人都知道岳飛是保家衛國的民族英雄、精忠報效的歷史人物代表，而無論在歷史還是當時的語境中都是名副其實的「主戰派」。而當時的時代背景是，從 1931 年的「九‧一八事變」，1932 年的「一‧二八事變」，到影片拍攝出品時 1935 年的「華北事變」，日本對中國的侵略戰爭已經逐步深入中華腹地〔註3〕。

　　日本在近現代對中國的侵略戰爭，給中華民族造成和帶來的歷史傷害和反人類罪行罄竹難書，但 1930 年代的侵華戰爭，客觀上加速了中國現代民族觀念和現代國家意識的生成和凸顯，強化了民族國家的向心力和凝聚力。民族主義的立場在政治上是反抗外來侵略，所以，左翼電影《風雲兒女》的呼籲的是，「用我們的血肉築成我們新的長城……我們萬眾一心，冒著敵人的炮火前進」（插曲《義勇軍進行曲》）；在經濟上，民族主義對外來資本和經濟侵略同樣是排斥和反抗態度。因此，《船家女》中的女主人公的老父親才說：「這

國電影在 1896 年進入、直到 1949 年民國政府敗退大陸、出走臺灣，上海一直是中國唯一不變的電影製作中心和最大的電影消費市場，即使是 1937～1945 年的抗日戰爭時期也是如此。從極端的角度說，1949 年前的中國電影和中國電影市場，往往可以用「上海」兩字代替「中國」。

〔註 3〕 1935 年 5 月，民國政府和日本軍方達成的「何梅協定」，禁止一切抗日活動，中方取消國民黨在河北及平、津兩地的黨部設置，撤退駐紮河北的東北軍、中央軍和憲兵第三團。隨後日軍策動「華北五省自治運動」，成立「冀東防共自治政府」；中方以「冀（河北省）察（察哈爾省）政務委員會」機構對應，地方防務由西北軍第 29 軍接管。國民政府和國民黨勢力繼東北之後再次退出華北。因此，步步退讓妥協的對日政策，直接導致 1935 年 12 月 9 日北平學生大規模的抗日集會遊行（「一‧二九」運動）和次年 12 月 12 日東北軍與西北軍將領張學良和楊虎城扣押最高領袖蔣介石的兵變（「西安事變」）。

麼多外國的東西都賣到中國來了，中國的工廠都關了門了，這一大批的男工女工到什麼地方找飯吃哦？」。左翼電影和新市民電影對民族主義立場和意識的堅持有一致的地方，其區別在於前者多表現出激進的姿態，而後者常以溫和、隱晦的方式傳達、表述，譬如《船家女》中的一首插曲《搖船歌》就是如此，雖然仔細揣摩，其中不無左翼色彩〔註4〕。

其次，階級觀念的提出和張揚。對勞工神聖、階級對立、階級剝削的展示，也是新市民電影對左翼電影思想元素的借助使用。《船家女》中的男女主人公，女的出身赤貧，與父親在西湖擺渡為生，是賣苦力的「杭州船娘」；男的雖然給設置了一個工人的職業身份，但影片交代得很清楚：父親早逝，母親是家庭婦女。

因此，作為影片的主要人物和正面形象，他們出身的階級，正是被左翼電影一貫肯定和歌頌的革命階級——無產階級。而作為革命階級的無產階級，其階級屬性就決定了他們具有與和它相對立的階級（有錢階級即資產階級，也就是不革命的或反動階級）所不具備的優秀品質，譬如男主人公高大、英俊、見義勇為、勤勞質樸、忠於愛情等等，女主人公更是美麗、純潔，對老父孝順、對男友癡情……。如果一定要從世俗角度尋找缺點或不足之處的話，那就只有一點——窮。

〔註4〕 這首插曲由賀綠汀作曲、沈西苓作詞，主演高占非演唱；歌詞全文是：莫怕船兒翻了，莫怕船兒翻了，努力向前搖，努力向前搖。嘿呦吼，嘿呦吼，嘿吼，嘿吼，風大，波高，小小船兒浪中飄，嘿吼，嘿吼，先把方向確定了，確定了，然後努力向前搖，向前搖，嘿吼，嘿吼，不怕搖不到，不怕搖不到。　莫怕船兒翻了，莫怕船兒翻了，努力向前搖，努力向前搖。嘿呦吼，嘿呦吼，嘿吼，嘿吼，划船人，劃到老，渡過多少大闊佬，嘿吼，嘿吼，還是一身破棉襖，破棉襖，將來總會有一朝，有一朝，嘿吼，嘿吼，處處浪濤高，處處浪濤高。

　　影片告訴人們，窮不是無產階級的錯，恰恰是資產階級造成的。不僅外國資產階級、資本主義勢力擠佔中國市場，使得本土經濟破產，國內的資產階級、有錢人、富人也是如此惡劣，譬如鄉下的船霸、城裏的闊少爺，他們和男女主人公之間的關係，在道德層面上是卑劣和高尚之間截然不同的境界，在經濟和情感上是剝削與被剝削的關係──我把後者稱爲「性剝削」，這是左翼電影中處理兩個不同的、分屬於對立階級的男女關繫時最突出的一點。

　　譬如這些惡人先是向阿玲父親逼債還錢，然後誘騙阿玲去當所謂模特，剝奪其貞節後又把她賣到妓院，（這樣，在性剝削前面還要加上性掠奪的罪名）。在階級對立中，不同階級各自的階級性是極其鮮明和對立的，即一個是好到極處，一個是惡到極致。因此，經濟上的貪婪、個人品行和道德的墮落又是剝削階級的一個共生現象；而無產階級從來不存在這樣的缺陷，無產階級「窮」的根源，是因爲資產階級、有錢人爲富不仁〔註5〕。

〔註 5〕　從中國電影史上反映性剝削的角度看，《船家女》是 1950 年《白毛女》（東北電影製片廠攝製）的南方故事版本。對《白毛女》的詳細討論，請參見拙作《政治和藝術示範的標本──超級女聲〈白毛女〉》（載《渤海大學學報》2007 年第2 期，中國人民大學《複印報刊資料》2008 年第 5 期《影視藝術》全文轉載）。

　　再次，暴力反抗。從早期左翼電影《火山情血》到完全意義上的左翼電影《天明》、《母性之光》和《小玩意》，再到經典左翼電影《神女》、《桃李劫》和《風雲兒女》，從個體暴力到集體暴力再到階級暴力，暴力和暴力反抗始終是貫穿左翼電影的一條主線和極其鮮明的系統化特徵。《船家女》當中的暴力反抗也是十分明顯的，但《船家女》的暴力和暴力反抗與左翼電影不同，或者說，正是這種不同注定了影片的非左翼電影性質。《船家女》的暴力反抗是由新市民電影自身的性質所決定的：男主人公第一次被警察抓捕，影片安排的是一個模糊的罷工風潮背景；第二次被捕因為他跑到妓院裏想救出戀人阿玲，這是一個典型的舊市民電影常用的英雄救美模式。

　　顯然，男主人公反抗的不是左翼電影在整體上所要反抗的統治階級、剝削階級和有錢階級或曰強權勢力，而是妓院當中的流氓，尤其是那幾個欺壓他女朋友的惡霸——這是新市民電影和左翼電影的根本區別。《船家女》的暴力反抗充其量也只是達到早期左翼電影譬如《火山情血》中，主人公的個體暴力反抗（農村中的土豪劣紳）的程度，而完全意義上的和經典左翼電影，暴力反抗要麼指向不合理的、人性缺失的社會現實體制，譬如《神女》和《桃李劫》，要麼在男女主人公反抗的背後，有階級、集團尤其是武裝集團的支撐，具有鮮明在政治指向性，譬如《小玩意》和《風雲兒女》。

　　而在《船家女》中，雖然有男主人公跳到桌子上一再高呼「打爛這黑暗的地獄」的口號場景，但這種安排顯然已經跳出了情節的需要，體現了編導借助左翼電影思想元素、指向市場賣點的意圖。因此，與其說這是由於新市民電影在政治立場上的保守和表述的相對溫和所決定的，不如說，這是新市民電影的製片方針和市場賣點所規範和約束的。因為，《船家女》的重心和宗旨，更多地繼承和延續了舊市民電影對故事本身意義的考量，所以，其中種種貌似左翼電影的思想元素，不過是影片的貼片廣告而已。

丙、《船家女》：側重技術性和趣味性的新市民電影

　　《船家女》的片頭廣告與當年的《姊妹花》一樣，都是號稱「全部對白歌唱有聲鉅片」，它的票房回報顯然沒有《姊妹花》那樣具有轟動效應，（因爲沒有這方面的具體數據支撐），但它的藝術和市場定位是顯而易見的，即首先是更多地利用和依賴技術手段，以更多地覆蓋電影市場、爭取觀眾群體。

　　1926年8月6日，美國華納兄弟影片公司拍攝的第一部有聲電影在美國上映，並獲得「極大的營業上的成功」，12月，美國特福萊（De Forest）有聲短片進入上海市場；到1930年，中國電影市場輸入的「百分之百」美國有聲影片占遠東銷量的50.2%，無聲片占49.8% [1] P156~158；1930~1931年，幾家中國本土製片公司先後拍攝和出品了用臘盤發音和片上發音的有聲電影 [1] P162~166。

　　在這場電影新技術嘗試和革命性浪潮中，明星影片公司都是積極參與。片上發音的技術指標已經基本達到現代有聲電影的普通標準，現存的、公眾能看到的「明星」公司在1933年出品的《姊妹花》和《脂粉市場》就屬於此類。而作爲左翼電影最大的生產廠家和出品中心，聯華影業公司的經濟實力

和市場佔有量與「明星」公司相比併不遜色，但對有聲電影一直不甚積極，直到 1934 年才開始配音片的生產，結果《漁光曲》公映後，便以連續放映 84 天的成績打破了《姊妹花》創造的國產電影最高票房記錄 [1] P334 。

　　配音片雖然也屬於片上發音，但就現存影片文本而言，由於不能很好地解決聲畫同步和音質問題，還不能與現代意義上的有聲電影相提並論，只能看作是後者的初級階段或低端版本——直到 1936 年，聯華影業公司出品的《浪淘沙》才徹底終結了無聲片和配音片的生產，但此時距「聯華」公司徹底解體、完全退出電影製片業只有不到一年的時間了。因此，在這個意義上說，現存的、公眾能看到的 1936 年之前的有聲電影，除了「電通」公司出品的《桃李劫》和《風雲兒女》外，都是新市民電影，而且基本出自明星影片公司；聯華影業公司出品的無聲片和配音片，則基本上可以劃入左翼電影的範疇〔註6〕。

　　其次，作爲新市民電影，「明星」公司對《船家女》的打造，尤其是對左翼元素的借助使用，並不妨礙其市民角度及其審美趣味的表達和體現；換言之，《船家女》的審美趣味和表現方式是地地道道的、徹頭徹尾的市民電影才具備的方式。譬如它的英雄救美的故事模式，其實是一齣舊市民電影最常用的傳統手法。因此，編導首先把男女主人公放置到一個道德制高點，用他們所受的挫折和苦難引發人們的惻隱之心。

〔註6〕 按照我的分類和劃分體系，電通影片公司 1935 年出品的《都市風光》屬於新市民電影；1933 年之前聯華影業公司出品的、現在公眾還能看到的幾部無聲影片，則大多屬於舊市民電影形態，即 1931 年出品的《一翦梅》、《桃花泣血記》、《銀漢雙星》，以及 1932 年出品《南國之春》等。對舊市民電影概念的界定以及個案讀解和專題討論片目，請參見本書第三章《〈二對一〉（1933 年）——與左翼電影分道揚鑣》的注釋〔註2〕。

最能夠說明其審美情趣的例證就是將影片的高潮設置在妓院,男主人公衝進來尋找阿玲,卻發現她正和顧客相擁在床。面對男友憤怒的臉孔,先是閃回昔日的美好戀情,然後就是激烈的打鬥(群毆)。這一場景下的打鬥戲,與其說是對左翼電影暴力反抗元素的生硬套用,不如說是市民電影獵奇視角下的鏡象。至於墮入不幸的根本原因何在,並不在其觀照範圍之內〔註7〕。

《船家女》刻意強調影故事背景地是杭州,而且是杭州的鄉下。但實際上,觀眾稍加留意就會發現,影片中的城鄉景象沒有任何差異,譬如女主人公和她戀人的工友們的居住環境及其鄰里關係,只能是城市中才有的,實際場景和真正的鄉下環境無法吻合。這種情形在1930年代前後的電影中所在多見,這也是舊市民電影遺留的景別表現特點之一。譬如《兒子英雄》(又名《怕老婆》,上海長城畫片公司1929年出品),背景本是鄉村,但無論是大人孩子的行為舉止、身份裝束,還是居住環境、鄰里關係,根本就不是鄉村所有的特徵〔註8〕。

這種人物與環境的不吻合或差異性的表現,恰好說明市民電影無論新、舊,其觀眾群體的構成與覆蓋、其藝術表達與市場定位,尤其是審美趣味,都是面向中下層市民,它和左翼電影以青年學生為主要構成的觀眾群體,有著明顯地區別。譬如,《船家女》的女主人公說到底是鄉下姑娘,但問題是,真正的村姑是主演徐來所表現的那樣嗎?

〔註7〕 其實,對敘事策略中與性場景有關的獵奇視角的使用,是舊市民電影和新市民電影一以貫之的傳統,1949年以後的香港電影將其全盤接受,而在大陸電影表述體系中被全然剝離剔除。

〔註8〕 《船家女》當中城鄉一體、城鄉混雜的居住環境和交錯格局,在今天看來似乎更有可供懷念的人文氣息和生態環境價值。譬如,影片中人們早晨起床是被公雞打鳴叫醒的。1930年代的中國大城市,大概除了京、津、滬這樣的大城市中的特定區域,譬如皇城周邊、市區中心和外國租界,城中村、村中城的建築居住格局一直是極具中國特色。就我所知,直到1970年代,出城去北京大學和清華大學,還是要經過無邊無際的油菜田和麥子地⋯⋯。

　　新市民電影對現代電影技術重視的積極後果之一，就是加強對電影歌舞音樂元素的比重配置。反映在《船家女》中，就是「全部對白歌唱有聲鉅片」廣告語中的「歌唱」特徵，即對市場賣點的強調，這也是新市民電影的題材選擇和思想主題的藝術表達在市場本體主義指導下自然融和的結果。具體地說，新市民電影可以忽略主題思想的深度，但絕對不會忽視敘事功能的發揮，譬如《船家女》中插曲《搖船歌》的配置，其技術意義顯然大於思想意義，所謂「努力向前搖，不怕搖不到」「將來總會有一朝，處處浪濤高」之類的隱晦表述，與其說是對左翼思想元素吸收借用，不如說是對影片時尚性的添加以強化其大眾娛樂色彩——這首插曲的詞作者是編導沈西苓，1937年他為「明星」公司執導《十字街頭》時，再次與作曲者賀綠汀合作。

　　實際上，就電影史發展的角度來看，從1934年開始，國產電影中音樂和插曲的比重配置和地位提升，已經成為一種趨勢並迅速成為穩定的製作模式。在這一點上，左翼電影和新市民電影表面上看來是與時俱進、旗鼓相當，但檢索在1930年代影響廣泛並且流傳至今、尤其是在1949年後中國大陸傳唱不衰的電影歌曲，左翼電影似乎完全勝出，並與主流意識形態的強勢地位相始終。

譬如《大路》(聯華影業公司 1934 年出品)中的《開路先鋒歌》,《新女性》(聯華影業公司 1934 年出品)中的《新的女性》,《桃李劫》(電通影片公司 1934 年出品)中的《畢業歌》,以及已經成爲《國歌》的《義勇軍進行曲》(《風雲兒女》插曲,電通影片公司 1934 年出品)。新市民電影在這方面的貢獻,則是《漁光曲》中的同名主題歌,以及《十字街頭》的插曲和《馬路天使》(明星影片公司 1937 年出品)當中的插曲《四季歌》等,而且,這些歌曲在 1949 年後的中國大陸尤其是 1970 年代「文革」期間完全被禁止傳唱。

丁、結語

就新市民電影編導的個人藝術風格來看,沈西苓的《船家女》和後來的《十字街頭》,在整體結構、人物塑造、線索設置乃至打鬥場面的設計上,都沒有什麼發展和變化。實際上,《船家女》在整體上同樣與《馬路天使》類似,在這個意義上說,《船家女》可以看作是杭州版的《馬路天使》。

其實,作爲新市民電影的生產中心,明星影片公司的作品都有類似或相同之處。所以,其作品與左翼電影的區別往往是不辨自明、無從混淆的。《船家女》雖然借助、整合進諸多左翼電影思想元素,但是決定它歸屬的依然是新市民電影的性質。從敘事策略上,《船家女》就與左翼電影拉開了距離,譬如影片從一個老者從報紙上讀到一篇關於杭州的消息開始,刻意引導觀眾進入敘述氛圍,當男女主人公的愛情故事結束以後,影片又從故事當中收回來,歸攏到閒人讀報的場景當中,讓老者發表一番場外點評式的感慨。

因此,就影片的整體傾向而言,《船家女》表現出的是對社會批判的改良色彩,而不是左翼電影對社會的整體性否定。換言之,《船家女》不是一個革命性的影片而是一個革新性的影片:《神女》、《桃李劫》和《風雲兒女》都是

一個悲劇或者正劇，而《船家女》卻是一個喜劇，只不過，它在新市民電影的框架之內，摻入了左翼電影的諸種元素並加以調和上市而已。**值得一看，但難以值得深思。**

戊、多餘的話

子、知識分子審美趣味新空間

中國電影出現之後，知識分子的審美趣味又有了新的存儲和表現空間。譬如舊市民電影，絕大多都可以看作是鴛鴦蝴蝶派的電子影像版，老派或舊式文人趣味盡顯，左翼電影（包括早期左翼電影）和新市民電影體現的，則是新型知識分子的審美趣味。儘管《船家女》是一個表現下層民眾──主要是無產階級名下的農民階級、工人階級生活的題材，但男主人公根本就不像工人──編導為了讓他更像，所以特意讓他滿嘴粗話，但依然擺脫不掉青年學生的書卷氣；做船娘的女主人公在熱戀中對男友說：「你看那月亮」，這顯然也不符合她底層勞苦大眾的社會身份和文化品位，還是編導所屬的知識階層的審美情趣體現。

丑、藝術和金錢的關係

　　影片中有一段關於藝術和金錢的關係的對話，讓人感慨不禁，大意是，到底因爲窮了而熱愛藝術了，還是熱愛藝術而變窮了？（「噢？原來藝術家不過如此，我也想做啊！可惜我沒錢」——「哼，那你就不夠做藝術家的資格了！」）我和許多人一樣，年輕的時候大多激進，自然會認爲藝術與金錢勢不兩立，認爲要投身藝術，就要忍受貧窮。但是年紀大了，我就不幹了。那麼到底答案是什麼呢？《船家女》可能提供了些許線索，供各位自己琢磨體驗。

寅、船娘穿越？

　　據說現在的西湖「船娘」得持證上崗了。據 2006 年 7 月的杭州《都市快報》稱：「經過三輪才藝、游泳、划船測試，20 位姑娘脫穎而出，整個 6 月，她們上船練力氣，下船學知識，培訓了整整一個月。遊船公司請來氣象專家，教她們看天氣；請來禮儀專家，教她們儀態儀表；請來戲曲專家，教她們唱越劇、《採茶舞曲》和杭劇；培訓內容還包括：職業道德、安全救護、游泳、導遊服務等等」[2]。問題是，這還是船娘嗎？〔註9〕

初稿時間：2007 年 4 月 20 日

二稿時間：2008 年 1 月 23 日～28 日

圖文修訂：2015 年 9 月 13 日～19 日

〔註 9〕本章文字的主體部分（不包括戊、多餘的話）約 8000 字，最初曾以《新市民電影：左翼電影的高級模仿秀——明星影片公司 1935 年出品的〈船家女〉讀解》爲題，發表於《江漢大學學報》2009 年第 1 期（武漢，雙月刊）；後作爲第三十一章，收入《黑白膠片的文化時態——1922～1936 年中國早期電影現存文本讀解》，題目是：《以「左翼」之名，行「新市民」（電影）之實——〈船家女〉（1935 年）：新市民電影讀解之五》。現今正文及注釋中的黑體字部分，是結集成書時被出版社刪節的部分。特此申明。

參考文獻：

〔1〕 程季華，中國電影發展史：第1卷〔M〕，北京：中國電影出版社，1963。

〔2〕 （2008-1-23）《西湖船娘周日首航》//http：//news.sina.com.cn/c/2006-06-30/04499334353s.shtml.

〔3〕 【美】費正清編，楊品泉、張言、孫開遠、黃沫、王浩、項鍾圓、張小頤、范磊、謝亮生譯，謝亮生校，劍橋中華民國史：1912～1949（上）〔M〕，北京：中國社會科學出版社，1993：805。

The Name Is 「Left-wing」, The Nature Is 「New Citizen」—— The Boatman's Daughter：Sample Seven of New Citizen Film Analysis

Read Guide：The hero is handsome, brave, industrious and loyal to love. The heroine is beautiful, filial and spoony. Both of them have the economic quality of proletarian—poverty. The film, however, designed the fighting at a whorehouse as the climax, which means the very difference between New Citizen Film and Left-wing Film, the latter has appeal points of class violence and social revolution. The images in The Boatman's Daughter conform to Left-wing Film, but the theme doesn't. New Citizen Film had inherited traditional genres and aesthetics from Traditional Chinese Film by the end of 1935,, meanwhile it had utilized new film technology（sound technology）, elements of Left-wing Film, and it transferred these into selling points soon and selectively, strengthened the artistry and enjoyment by vulgar expressions.

Key Words：Left-wing Film; Traditional Chinese Film; New Citizen Film; selling point; whore; interlude

本章的第一、二張圖片爲《船家女》的 VCD 封面封底照，最後三張是 DVD 封面封底及碟片照。

第捌章 《新舊上海》(1936年)──
轉型、分流中的趁勢崛起

閱讀指要:

　　常言說夫妻吵架本是最沒有邏輯的口舌之爭,但在《新舊上海》中,你會發現舒繡文飾演的袁太太,不僅有極其嚴密的邏輯推理能力,還有令人震驚的論證表達天賦。更讓人驚異的是,當時影片中人們關心和困擾的,依然是今天中國大陸社會的熱點問題。譬如工廠歇業、員工下崗、欠租欠薪、城市外來人口與舞女問題等等。《新舊上海》是「明星」公司貫徹新市民電影製片路線的必然結果,它在思想和藝術上不同以往的成就,在很大程度上要歸功於左翼電影轉型、分流和突破時期的滋養和補給。新市民電影最大的收穫就是以它一貫平和的方式、從市場賣點的角度吸納和借鑒左翼電影元素並且世俗地表達,所以它更熱衷和擅長展示與張揚溫情的一面,最後的結局通常是皆大歡喜。進入 1936 年後,新市民電影終於解決了左翼電影有深度但相對沒趣味、自身又單純注重趣味卻常常缺失思想的癥結。

關鍵詞:新市民電影;製片路線;左翼電影;世俗審美趣味;國語;邏輯;

專業鏈接 1：《新舊上海》（故事片，黑白，有聲），明星影片公司 1936 年出品。
VCD（雙碟），時長 101 分 52 秒。

>>> **編劇**：洪深：**導演**：程步高；**攝影**：董克毅。

>>> **主演**：王獻齋，舒繡文、薛秋霞、黃耐霜、譚志遠。

專業鏈接 2：原片片頭字幕及演職員表字幕（標點符號爲錄入者添加）

明星出品。《新舊上海》，全部對白有聲鉅片，明星影片公司出品。

演員表：

　　袁瑞三——王獻齋，吳美中——舒繡文，范師母——黃耐霜，

　　俞連珠——朱秋痕，孫如梅——顧梅君，根泰妻——袁紹梅，

　　呂老太太——薛秋霞，闊小姐——英 茵，□□□……□□□□，

　　唐根泰——尤光照，陳先生——高步霄，呂廣生——王吉亭，

　　尹日昌——譚志遠，黃貞達——徐萃園，呂 女——張瑞芬，

　　小　章——李　清，茶　客——嚴工上，絲廠協理……□□□。

攝影：董克毅；置景：楊鏡心；收音：陸音鏗；洗印：顧支敏，

剪輯：黃生甫。編劇：洪深：導演：程步高。

專業鏈接 3：鏡頭統計

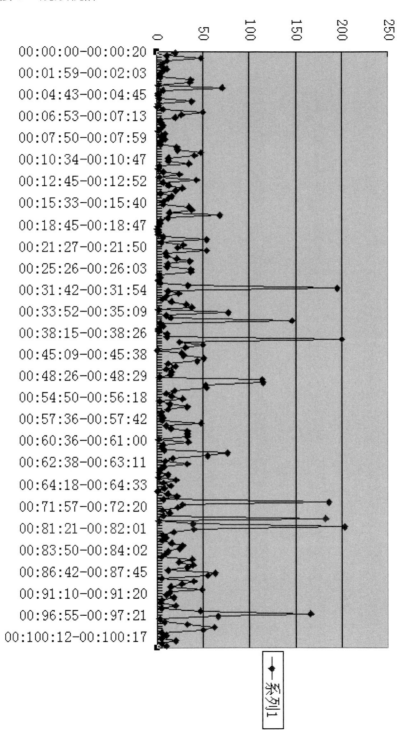

說明：《新舊上海》全片時長 101 分鐘 52 秒，共 220 個鏡頭。其中：

甲、小於和等於 5 秒的鏡頭 54 個，大於 5 秒、小於和等於 10 秒的鏡頭 41 個，大於 10 秒、小於和等於 15 秒的鏡頭 29 個，大於 15 秒、小於和等於 20 秒的鏡頭 14 個，大於 20 秒、小於和等於 25 秒的鏡頭 13 個，大於 25 秒、小於和等於 30 秒的鏡頭 9 個，大於 30 秒、小於和等於 35 秒的鏡頭 13 個，大於 35 秒、小於和等於 40 秒的鏡頭 13 個，大於 40 秒、小於和等於 45 秒的鏡頭 3 個，大於 45 秒、小於和等於 50 秒的鏡頭 8 個，大於 50 秒、小於和等於 55 秒的鏡頭 7 個，大於 55 秒、小於和等於 60 秒的鏡頭 0 個，大於 60 秒、小於和等於 65 秒的鏡頭 2 個，大於 65 秒、小於和等於 70 秒的鏡頭 2 個，大於 70 秒、小於和等於 75 秒的鏡頭 1 個，大於 75 秒、小於和等於 80 秒的鏡頭 2 個，大於 80 秒、小於和等於 110 秒的鏡頭 0，大於 110 秒、小於和等於 115 秒的鏡頭 2 個，大於 115 秒、小於和等於 120 秒 0 個，大於 120 秒的鏡頭有 7 個。

乙、片頭鏡頭 6 個，片尾鏡頭 0 個。

丙、固定鏡頭 138 個，運動鏡頭 75 個。

丁、全景鏡頭 10 個，中景鏡頭 130 個，近景鏡頭 63 個，特寫鏡頭 10 個。

（圖表製作與數據統計：劉曉琳）

專業鏈結 4：影片經典臺詞

「做了汽車夫真倒楣，想好好睡一覺都睡不成！」

「坐茶館？又得花錢呐！」──「上海這地方，就是到公園，也得花門票。你想，這麼大的冷天，怎麼能叫我去逛馬路呢？」----「你少吃一碗豆腐漿，不見得身上就會少一塊肉啊！」──「誰說不少的？」──「我說不少的！」──「我說少的！」──「不少的！」──「少的！」──「好好好，你有錢你吃好了」。

　　「我想起一件事情來了，待會你做一碗紅燒蹄髈給我吃啊」——「什麼？你倒想吃紅燒蹄髈了？！」——「一個人越是窮，面子上越要裝的富麗一點。你知道我最喜歡吃的是紅燒蹄髈了，而且已經有半個多月沒有吃了」——「咦？蹄髈還沒給你燒，你倒是先惦起味道來了」。

　　「這點豆腐漿你吃了吧，我省給你的」——「誰要吃你的豆腐漿啊？你要少一塊肉的！」

　　「你發瘋了，四十塊錢，你就不會在別的地方想法子了，怎麼想起當當來的？」——「到處都是不景氣，哪還有什麼法子好想呢？」——「我們住到這兒三年多了，從來沒有當過當。你說不還姓黃的四十塊錢是難為情的，難道當當是有面子的事嗎？」——「你不明白呀，這位黃先生是在錢莊店裏做事的」——「我不管！」——「好借好還，再借不難」——「你要當去當你的好了，我的皮斗篷不在內！」——「這也沒有什麼大問題呀，你的皮斗篷，皮都破了，其實也當不到五塊錢吶，還是我的皮袍子、皮大衣能夠多當幾個。明天上午我去茶館的時候，就請你去跑一趟吧。」——「什麼？明天要我拿去當啊？」——「自然是你去嘍」——「要我抱著這麼一大包衣服出這個門吶？這座房子裏頭還有五家人家，難道會有一家看不出來我是抱著衣服當當去的嗎？哼！我不去！」——「我們是當的自己的衣服啊」——「我不去！」——「家裏窮的要當當了，做妻子的還不肯幫丈夫一點忙嗎？」——「我不去！」——「那麼我還有更好的辦法」——「更好的辦法？」——「如果你怕二房東看見我們去當當，你以為是失面子的，那麼你明天不要拿我的皮袍子、皮大衣這麼一大堆的出去，只要拿你的手鐲、手錶、戒指藏在口袋裏頭偷偷的去當，不就叫他們看不出來了嗎？」——「手鐲、手錶、戒指……哼！你越說越不成話了！手鐲是我自個兒攢去了錢換來的，手錶是我自個兒攢去了錢買的，你統共只打給我兩個戒指，現在你倒要當掉我的東西去歸還你的賬了。哼！我不跟你多說，你要動一動我的東西，你就別想！」——「在患難的時候，夫妻還是合作的好。你要面子，我也要面子。面子大家都要的。你不去，那麼我明天自己去好嘍。不過我抱著這麼一大包東西出去，人家也會知道的。我失面子，那麼你，你還是失面子！」

「現在市面這麼壞，有什麼生意可做呢？」——「越是在這種不景氣的潮流中，越是生意好做！」

「一個人在生病或是窮的時候，千萬不可以灰心！」

「還有一塊四毛呢？」——「喏，燙了頭髮了」——「家裏窮的要當當了，你還要揩我的油嗎？」——「揩你的油？我出去老半天，不燙頭是幹什麼去的呢？難道說，要二房東老太太看出我是當當去的嗎？」——「那麼你也可以推說是出去隨便買點什麼東西，何必一定要去燙頭髮呢？！」——「我已經燙過了！怎麼樣呢！」——「那也沒有什麼怎麼樣……」——「沒什麼怎麼樣你嘰裏咕嚕的幹什麼？」——「不過……」——「不過什麼？！」——「不過你這種也不是電燙，過了一個禮拜就會沒有的呀，仍舊像從前那種鬼樣子！」——「鬼樣子！現在很多摩登小姐都是那個鬼樣，讓它去好了，用不著你管！」——「我也是好心啊！」——「好心！你管我！這也是我的手鐲、手錶、戒指當來的錢吶，花了一塊四毛錢燙燙頭髮也不要緊吶！我不跟你多說，我要去開飯去了！」——「有沒有紅燒蹄髈啊？」——「你就知道，紅！燒！蹄髈！啊……」

「朋友有通財之義，只要我手頭有，再多一點也不成問題的」。

「果然是你借給他的？你為什麼自作主張把錢借給旁的人？我剛才花了一塊四毛錢去燙一燙頭髮你還嘰裏咕嚕地埋怨我，你為什麼一定要借那二十塊錢？」——「你燙頭髮是把錢花掉，我借給別人，將來是有的還的呀！」——「哦……你把我的首飾當了去借給旁的人吶，你為什麼不當你的皮袍子皮大衣咧？」——「哎哎哎，說話輕一點，待會給樓底下范先生、二房東聽見了，這是難為情的呀！」——「難為情的呀！二十塊錢沒有啦！」——「輕一點！」

「你急什麼呢？！船到橋門自然直！」——「我不懂！船是怎麼直法的！」

「舞女是做不得的！現在的舞場比不得從前了，舞女呢，一天一天多起來，肯花錢的舞客是一天一天少了。聽說，有幾位紅的舞女，有時候一晚上連一塊錢都跳不到」。

「坐汽車兜風，是真的好玩！」

「笑話！你們做男人的知道要面子，難道我們做女人的就不要面子了嗎！」——「你看！你又是花了錢買這些不要緊的東西！」——「這些化妝品，是我每天要用的，誰說不要緊的東西啊！」——「我說不要緊的！」——「不許你說！」——「我說了怎麼呢？！」——「不許你說嘛！」——「不說就不說……我問你，你買這些東西是哪來的錢吶？」——「我自然有我自個兒的錢吶」——「噢……是你自個兒的錢吶？」——「自然是我自個兒的錢」——「怪不得你這一陣子擺闊，買了東西送節禮，原來你藏的有私房啊！」——「私房？是的！那也是我在日用賬上省吃儉用賺下來的，你又沒有多給我錢！」

「我的錢，跟你無關！」——「夫妻之間還分什麼彼此呢？」——「我的錢為什麼要給你花？為什麼要再買蹄髈和雞給你吃啊？我的錢是骯髒的，你說些話都是豈有此理的！好像女人是不會有錢的，女人除了問丈夫要錢，自個兒是不應有錢的！哼！女人買了航空獎券，也是不會中獎的！」——「我們發了財，為什麼要哭呢？」

「你不見得少吃一瓶豆腐漿身上就會少一塊肉的！」——「誰說不少的？！」——「我說不少的！！」——「少的！」——「不少的！！」——「少的！」——「不少的！！」——「少的！」——「從來沒有看見像你這麼不講理的男人！」——「我也從來沒有看見過像你這樣不講理的妻子！」——「哎！等會回來吃中飯哦」——「我有事不回來！」——「我請你吃紅燒蹄髈！」

專業鏈結5：影片觀賞推薦指數：★★★★☆

甲、前面的話

　　1936 年，中國國家安全局勢和社會思潮隨著日本加緊全面侵華進一步動蕩，中日民族矛盾呈現取代國內階級矛盾和黨派紛爭的態勢。以民營公司為絕對主體構成的中國電影界，順應民間抗日呼聲和時代潮流，發起以抗日救亡為主旋律的「國防電影運動」[1] P418~420。作為國產電影大的製作中心之一，明星影片公司為了適應市場變化，以及應對因為擴大生產規模而帶來的資金短缺問題，在當年 7 月改組，除了恢復在左翼電影興盛時期成立的編劇委員會之外，還將公司分為兩個廠：

　　一廠基本上由原「明星」創始人之一的張石川統帥公司舊班底如導演程步高等人為主，二廠主要由原電通影片公司解散後轉入的袁牧之等左翼編導組成；革新後的「明星」公司，將製片路線調整為「為時代服務」，除了響應國防電影運動、立即從事國防電影攝製、「在自己的領域中盡一點救亡圖存的微勞」之外，還提出「絕對排斥」電影製作中「純粹娛樂」傾向的主張
[1] P424~425。

　　然而，文藝作品不是新聞報導，即時反應、立即上市的文藝作品，首先從生產流程上難以保證，其次不符合文藝創作的規律，而更多受到諸多技術要素制約的電影生產更是如此。「明星」公司是具有歷史傳統的市民電影製作中心，調整後的製片路線實際上無法立即體現在產品生產上，這就決定了 1936 年「明星」公司總體上的影片製作，還是依賴在以往的新市民電影的軌道上慣性滑行。

　　現存的、現在公眾能看到的 1936 年的影片有 5 部，其中，聯華影業公司出品的有 3 部，即《孤城烈女》(《泣殘紅》)、《狼山喋血記》和《浪淘沙》，

新華影業公司 1 部，即《壯志淩雲》，「明星」公司名下的只有《新舊上海》。
這 5 部影片，《狼山喋血記》和《壯志淩雲》屬於以往已有定評的國防電影
〔1〕P470〔1〕488；《孤城烈女》是當年左翼電影高潮過後的餘波回轉〔註 1〕；《浪
淘沙》是「聯華」公司繼 1932 年的左翼電影之後爲中國電影發展做出的又
一新貢獻〔註 2〕；而《新舊上海》依然是「明星」公司始終貫徹的新市民電
影製片路線的結果。現在看來，《新舊上海》在思想和藝術上不同以往的成
就，在很大程度上要歸功於左翼電影轉型、分流和突破時期的滋養和補給。

〔註 1〕 對《狼山喋血記》、《壯志淩雲》和《孤城烈女》(《泣殘紅》) 的具體討論，請
參見拙作《國防電影與左翼電影的內在承接關係——以 1936 年聯華影業公司
出品的〈狼山喋血記〉爲例》(載《佛山科技學院學報》2008 年第 2 期)、《電
影市場對左翼電影類型轉換及其品質提升的作用——以〈壯志淩雲〉爲例》(載
《南京師範大學文學院學報》2009 年第 2 期)、《〈孤城烈女〉：左翼電影在 1936
年的餘波回轉和傳遞》(載《青海師範大學學報》2008 年第 6 期)，三篇文章
的完全版收入《黑白膠片的文化時態——1922～1936 年中國早期電影現存文
本讀解》，敬請參閱。

〔註 2〕 對《浪淘沙》的具體討論，祈參見拙作：《新浪潮——1930 年代中國電影的歷
史性閃存——〈浪淘沙〉：電影現代性的高端版本和反主旋律的批判立場》(載
《南京藝術學院學報－音樂與表演》2009 年第 1 期)；這篇文章的完全版收入
《黑白膠片的文化時態——1922～1936 年中國早期電影現存文本讀解》，敬請
參閱。此前我曾經稱其爲「新浪潮電影」，認爲這部影片過去沒有、將來也沒
有哪一個類型可以將其容納、概括。近幾年我認爲，從《浪淘沙》的主題思
想和思想高度上說，應該歸入左翼電影的升級換代版——國防電影的範疇，
這又意味著，從 1930 年到 1936 年，在激烈的國產電影市場競爭中，聯華影
業公司再一次完全勝出。

乙、1936 年：中國左翼電影的轉型、分流和新的突破

　　早在 3 年前的 1933 年，面對左翼電影全面取代舊市民電影、迅速成爲中國電影主流的事實，「明星」公司就曾經主動邀請當時最著名的一些左翼人士參加公司的編劇委員會，並在借助左翼電影諸多元素的基礎上，成功地完成由舊市民電影向新市民電影的演變，從此自成體系、獨立門戶，在與左翼電影的市場競爭中爭取到了巨大的利潤空間和觀眾群體。

　　其後的幾年間，作爲共同脫胎於舊市民電影的新電影，左翼電影和新市民電影始終在發展和競爭中雙向互動、交流互滲。時至 1936 年，由於吸收左翼人士再次加盟，「明星」公司的電影製作更爲成熟，不僅打破了新市民電影慣常保持的平面狀態，而且直接爲 1937 年新市民電影成爲中國的主流電影奠定了思想和藝術基礎〔註 3〕。

　　但與 1933 年不同的是，1936 年，由於日本全面侵華步伐加快，國內各個黨派和武裝集團尤其是國共雙方，逐漸在救亡圖存的大方向上，被動或主動地走向深度共識。因此，以宣揚階級鬥爭和暴力革命爲主體思想的左翼文藝，在意識形態領域和市場空間受到強大壓力和種種局限。正因如此，1930 年成立後一直直接支撐和張揚左翼電影及其思潮表現的「左翼作家聯盟」於 1936 年年初宣佈解散。

　　而在前一年的 1935 年，就電影業而言，以新的左翼電影製作中心——電通影片公司轉軌出品新市民電影《都市風光》爲標誌，左翼電影和新市民電影的交流互滲已經基本完成；就電影類型或形態而言，左翼電影實際上已經

〔註 3〕其標誌是這一年上半年《十字街頭》和《馬路天使》這樣的經典作品的出現，以及左翼電影的終結和國防電影運動的退潮。

完成歷史使命，開始走向衰落和消亡：一方面，它沉重的思想張力和暴力革命元素基本上被1936年新興的、主體思想更爲寬泛的國防電影吸納、整合，另一方面，左翼電影相對輕視庸常生活表現和相關審美趣味的弱點，在新市民電影的發展中得到糾正。

　　因此，左翼人士的再度加盟，並沒有改變、反而是優化了新市民電影的整體性質。正是在這個前提下，由左翼人士代表之一的洪深編劇的《新舊上海》，爲1936年的新市民電影的新面貌提供了一個更加堅實的基礎，而「明星」公司的資深導演程步高，則從藝術表現上完美地演繹和體現了影片的主題思想。

　　在1933年～1935年左翼電影興盛時期，一般來說，左翼電影人士參與編導的自然就是左翼電影。但此時洪深編劇的《新舊上海》，無論如何也不能說是左翼電影。其中一個直接的原因是，中國電影進入到1936年以後，左翼電影以及左翼潮流實際上已經呈現出一個新的面目；換言之，純粹的左翼精神已經失去當年興盛的現實土壤，最終更多地進入新市民電影當中。這是一個轉型、分流和探求新路的艱難過程。

子、轉型

1931 年日本侵略中國東北地區的「九‧一八」事變後，中國國內的政治局勢劇烈地向左的方向和立場轉化，民間和在野黨派勢力在反政府的對日政策上形成合力，反映在電影製作中就是左翼電影和激進的左翼思想。1935 年，民國政府在侵華日軍逼迫下簽訂的「何梅協定」，使得中國繼東北之後又喪失了對華北地區的黨政主權，直接導致年底北平學生大規模的示威遊行（「一‧二九運動」），次年年底，又爆發了東北軍、西北軍將領扣押最高軍政領袖、以兵諫的方式敦促政府對日用兵的「西安事變」。

因此，中日民族矛盾在 1936 年上陞成為中國社會的主要矛盾，國內矛盾相對進入一個平緩期，反映在電影界就是「國防電影」運動的興起。就政府當局而言，雖然同樣不允許直接表現抗日場景甚至相關字眼的出現，但相對於當初對左翼電影的嚴厲打壓和查禁政策，國防電影的政治環境相對寬鬆；就電影創作而言，國防電影在形式上取代了左翼電影成為主流電影的一部分，一些有代表性的左翼編導則直接轉入到國防電影的創作當中。

丑、分流與探求新路

1933 年～1935 年，左翼電影和新市民電影基本上瓜分和主導國產影片市場，（很少一部分空間留給了新民族主義電影）。同時，左翼電影及其元素和新市民電影互滲、合流日趨明顯。進入 1936 年後，新市民電影在吸納和整合了諸多左翼電影元素的同時，發揮了新市民電影獨有的特色，實際上已經取代左翼電影而與國防電影平分秋色，成為電影市場最大的贏家。如果遵從傳統性結論或一定要從政治理念上強行劃分的話，那麼在我看來，1936 年的國防電影，其實是左翼電影的升級換代版，而不變的、并且取得更高成就的恰恰是新市民電影。

在1935年電通影片公司完成由左翼電影向新市民電影的轉軌生產前後，直到1936年國防電影運動將部分左翼電影精神元素整合之後，中國主流電影一直試圖在左翼電影－國防電影和新市民電影之間找到新的突破，這個歷史性探索重任，恰恰又是由左翼電影的出品中心聯華影業公司來承擔的。1935年，「聯華」領袖羅明祐和黎民偉接連推出高度疑似政府主旋律影片即屬於新民族主義電影形態的《國風》、《天倫》以及《慈母曲》，但收穫的是思想和市場的雙重失敗〔註4〕。

丙、《新舊上海》：對現實人生細密景致與世俗審美情趣的關注

失敗往往是成功的前兆，當然這只適用於眞正的成功者。1936年，羅明祐和黎民偉再次聯手推出《浪淘沙》。這是「聯華」公司歷史上第一部眞正意義上的有聲電影，編導是兩年前拍攝左翼經典影片《神女》的吳永剛。《浪淘沙》的出現，在1936年的中國電影史上絕對是個異數，它用這兩個處於絕境當中的人物象徵著外敵入侵下的生死對峙的政治集團——但作爲清醒的先知先覺者，《浪淘沙》在當時和後來受到極端黨派立場的嚴厲批判否定[1] P457～461，至今還沒有得到應有的重視和正確的評價。其中一個原因是影片負載和體現了太多的電影現代性，而這種品質是中國電影中是極其罕見的。

〔註4〕我對《國風》的具體意見，祈參見拙作《主流政治話語對1930年代電影製作的介入及其藝術轉達——〈國風〉：中國電影歷史中的「反動」標本讀解》（載《浙江傳媒學院學報》2009年第2期），對《天倫》的討論文章沒能單獨發表，主體部分整合進《1933～1935年：從左翼電影到新市民電影——用5部影片單線論證中國國產電影之演變軌跡》（下），刊於《浙江傳媒學報》2009年第6期。兩篇文章的完全版收入《黑白膠片的文化時態——1922～1936年中國早期電影現存文本讀解》，敬請參閱。對《慈母曲》的具體討論文字則一直未能發表，敬請關注。

　　如果僅僅就電影對當下現實政治積極干預和激進表述這一點而言的話，只有當年的左翼電影方可望其項背。問題是，《浪淘沙》出現在左翼電影實際上已經以本來面目退出歷史舞臺的 1936 年，而主導時代電影潮流的，是在政治上和思想上一貫趨於保守的新市民電影，因此，《浪淘沙》所呈現的電影新面貌成為空穀足音。而新市民電影最大的收穫，就是以它一貫平和的方式、從市場賣點的角度吸納和借鑒左翼電影元素並且世俗地表達。正因為如此種種，才成就了 1936 年《新舊上海》這樣的新市民電影的趁勢崛起。

　　1930 年代之前的舊市民電影，基本上可以視為中國舊文學或俗文化的電子影像版，主題、題材、人物尤其是思想了無新意，落後於時代發展變化，大多沉溺於老舊的傳統倫理宣揚和煩瑣、庸俗的日常生活尤其是男女情感的描述，使得它不能被以新文學所代表的主流文學接納。左翼電影之所以能將舊市民電影全面取代並大行其道，就是佔了一個「新」字，譬如新的價值觀念、新的思想潮流、新的人物形象、以青年學生為代表的新知識分子……以及新的觀眾群體。但同時，左翼電影大多不考慮或者排斥市民電影對現實人生細密的、世俗層面的關注。

　　因此，左翼電影和中國新文學都多少與常態人生有些生分和距離，即使有所表現，也多少都有自上而下的概念化傾向。而新市民電影是在直接繼承舊市民電影對城市世俗民生關注的基礎上發展演變而來的，同時也有條件地借助、吸收和多少容納了左翼文藝對底層大眾精神予以觀照的姿態。因此，不論是市民階層還是知識分子階層、不論是舊人物還是新人物，在新市民電影當中，更多地是從世俗人間、平等眾生的角度去看待和表現的──1936 年的《新舊上海》就是如此。

　　都市題材和典型的城市風格，一直是新市民電影的傳統特徵和擅長的領域。《新舊上海》講的是以六戶人家爲代表的、聚居在上海小弄堂出租屋里中下層市民的生活境況，以及這種境況中的人際關係。讓人驚異的是，當時影片中人們關心和困擾的依然是今天中國社會的熱點：下崗（失業）問題、經濟和生存壓力問題、住房（緊張、房價高昂）問題、舞女（性工作者）的工作處境問題、孩子的健康和教育問題，還有夫妻與家庭關係問題等等〔註5〕。

　　左翼電影不是沒有涉及這樣的題材和領域，事實上也大都以城市題材爲主。但左翼電影的著力點和出彩之處，是思想深度和激進表述，譬如專門反映性工作者精神和生活深度的《神女》（聯華，1934）。而新市民電影歷來都是在生活平面反映和折射社會現實。但到了 1936 年的《新舊上海》，這種平面反映和折射情況得到很大改變。

〔註 5〕大概只有醫療問題沒有涉及。在城市中長大、生活和工作的人，從來都應該對這樣的城市題材具有著特殊的偏好。這使我想到，本書的寫作和十幾年來我對北京作家王朔小說及其影視創作研究的偏愛，與這一點有著直接的邏輯關係。

譬如在《新舊上海》當中，你會發現六家房客人人都不容易，每個人都有一大堆煩惱現實要去面對：做舞女的生意不景氣，客人經常假裝忘記給錢而賴帳；做教師的常被校方欠著薪水不發，弄得連房東太太都瞧他不起；職員和生意人則無論職位高低、買賣大小，也都時刻面臨生存壓力……。這種世俗生活的體現，以往常常是左翼電影的弱項但恰恰又是新市民電影的強項，而且得出的結論截然相異。

譬如在左翼電影《桃李劫》（聯華影業公司 1934 年出品）中，受過高等教育的青年知識分子在殘酷的社會現實中家破人亡、走向以暴力反抗最終毀滅自己的道路，最後的結論，是社會現實的黑暗和制度的不合理：如果連知識分子階層的基本的生存權和合理的發展權利都不能得到保障，那就只有徹底摧垮現行社會體制這一條道路可走。

而類似的問題，在《新舊上海》中就以具有濃重、鮮明改良色彩的方式和方法得以解決。雖然現實生活有它殘酷的一面，但社會還有溫情的另一面，所以新市民電影更熱衷和擅長展示與張揚後者，影片最後的結局通常是皆大歡喜。譬如，既潑辣又摳門兒的袁太太，是一個能把老公的豆漿錢省下來給自己燙頭髮的家庭主婦，但看到房東太太的兒子因為偷了人家的自行車要被警察帶走的時候，竟非常溫順地聽從老公的指示拿出 12 塊錢把人贖了回來；鄰居的小孩生病沒錢請大夫，她也會主動讚助 5 塊錢解救危難。

　　這種人物性格的變化和細微展示，與左翼電影中意識形態指導下的階級意識大異其趣，體現的正是新市民電影的精髓，即不無溫情的人性觀照與普世價值倡導。似乎是為了更有力地說明這一點，影片最後還要安排袁先生所在的工廠重新開工，他自己則再次上崗回到中層管理者的職位。

　　因此，影片中弄堂幾戶人家的關係，還可以把它細化為人際層面的夫妻關係、朋友關係、鄰里關係和經濟層面的利益關係、勞資關係、租賃關係、投資與收益關係等等，而將其總和起來，其實反映的是一種現實生存關係。眾所週知，文藝作品的一個最基本的功能就是對常態民生的反映。而這一點正是新市民電影和左翼電影分道揚鑣的地方，或者說是左翼電影有意識、有選擇的缺失之處，其原因是由於左翼電影的某些特徵，譬如意識形態宣傳的激進強調和局部放大〔註6〕。

〔註6〕 左翼電影這個歷史性局限，雖然多少被1936年興起的國防電影（運動）遮蔽性地繼承，但1937～1945年抗日戰爭的民族戰爭，使得左翼電影思想元素對階級性的宣揚無從釋放能量，直到1949年後，才被中國大陸電影全盤繼承，並與暴力性和宣傳性一同被偏執放大，統攝、覆蓋了所有的電影生產製作模式——對這一問題的深入討論，祈參見拙作：《政治和藝術示範的標本——超級女聲〈白毛女〉》（載《渤海大學學報》2007年第6期，中國人民大學《複印報刊資料》2008年第5期《影視藝術》全文轉載），以及：《愛你沒商量：〈紅色娘子軍〉——紅色風暴中的愛情傳奇和傳統禁忌》（載《渤海大學學報》2007年第6期）。抗日戰爭並沒有打斷新市民電影對世俗人生的關照和表現，也沒能中斷新民族主義電影對中國傳統和文化表達、強調——上海「孤島」和淪陷區的電影和電影業的多產與繁榮就是明證。所以，從1946年到1949年短短四年間，新市民電影迅速擴展到全國市場，譬如至今人們念念不忘的《一江春水向東流》（崑崙影業公司1947年出品）、《烏鴉與麻雀》（1949年出品），以及《太太萬歲》（文華影業公司1947年出品）、《萬家燈火》（崑崙影業公司1948年出品）等就是證明。1949年之後，中國電影一分為三，新市民電影和

丙、《新舊上海》中的人物語言、表達與哲理邏輯表達

　　與現實人生細密景致相關的，是以《新舊上海》爲代表的新市民電影對語言（臺詞）的處理和表現。有聲電影在中國出現後，從臘盤發音到片上發音，從配音片到完全意義上的有聲電影，（即基本符合現今電影的基礎性技術標準，譬如聲畫同步），皆由新市民電影率先垂範──前者以 1931 年明星影片公司出品的《歌女紅牡丹》、友聯影片公司出品的《虞美人》爲代表，後者的代表是明星影片公司 1933 年出品的《春蠶》、《脂粉市場》和《姊妹花》；而將語言和聲音從技術層面提升成爲電影藝術要素，則要歸功於 1934 年的左翼電影《桃李劫》[1] P384。

　　回溯 1910 年代中、後期，中國文化界發起奠定現代文化根基的「新文化」運動和「新文學」運動，其宗旨之一就是要解決語言和文字、書面語和口語之間長期分離的問題，譬如，胡適在 1918 年提出「國語的文學、文學的國語」的具體主張（《建設的文學革命論》）[2]。然而，在有聲電影出現以前，國語的有聲化標準和實踐，其主渠道恐怕還只能有賴於新式學堂裏的傳授和有限的電臺廣播〔註7〕。

　　新民族主義電影全面轉進香港，繼而又轉進臺灣，譜寫了中國電影的輝煌歷史。就大陸而言，新市民電影直到 1990 年代才以電視連續劇的新形式回歸，到 2000 年後則重新覆蓋了大陸電影製作；以此同時，以第六代導演爲代表的新左翼電影和新民族主義電影逐漸恢復，成爲在市場大潮中艱難跋涉的支流。

〔註 7〕對 1949 年後出生的中國大陸觀眾來說，1930 年代中國有聲片的對白似乎有點矯揉造作，其實在當年卻是鶯歌燕囀，好聽得很。「國語的文學，文學的國語」終於落到了實處。電影中的官話、國語或者說人物對白的語言和語氣，是 1949 年後中國大陸電影研究中一個非常有意思的專門課題。譬如，國民黨軍官、土豪劣紳、英雄人物乃至農家婦女如何講話，都是一套鐵定的規律可以遵循……

　　1930 年代國產有聲電影的出現和逐漸推廣，爲國語的有聲化貫徹與推廣，尤其是面向下層民眾的教化功能的釋放，提供了一個更爲直接有效的載體和標準統一的傳播平臺。當時所有的有聲片語音差異不大，基本上是向以南京官話爲基礎語音的國語看齊 [3]，（在細微的語音上，國語和官話是有差別的，但是在電影當中二者的概念是一致的）。1936 年留存至今、公眾可以看到的 5 部電影都是有聲片，之所以在這個問題上特別提及《新舊上海》，是因爲，只有這部影片所使用的語言與現實生活、尤其是以口語爲主的世俗生活息息相關。

　　這主要是因爲，作爲國防電影的《狼山喋血記》、《壯志淩雲》和左翼電影殘餘（可以大致規劃於泛國防電影範疇）的《孤城烈女》，以及終極思考意味濃厚、主題思想高端的《浪淘沙》，其語言和表現風格，與其說要麼帶有舊市民電影半文不白的痕跡、要麼帶有主題先行導致的非世俗表述傾向，不如說，構建和支撐這些影片話語體系的宗旨，已經決定了它們與世俗人生及話語體系和邏輯有著相當的疏離和隔膜。

　　如果將《新舊上海》作爲評判標本，1936 年新市民電影的藝術功力值得稱道，譬如它的鏡頭語言頗有章法：袁氏夫妻去「聚風益錢莊」去存意外之財（航空獎券中獎）的時候，先是鏡頭慢慢推入錢莊，平搖錢莊內的顧客，然後進一步推向會客室，並在「會客室」三個字上定格。與此相關的人物的表演也能夠收放自如，（對比一下 1920 年代的舊市民電影和 1930 年代一些左翼電影誇張到極致的表演和情緒表達），譬如愚頑不化、一心只認錢的房東太太，以及伶牙俐齒、有理不讓人的袁太太——這在過去很容易被演繹成一個單向性格的潑婦形象。

　　這種人物表演上的細膩，與新市民電影對現實人生細密景致的關注有著內在的邏輯關係，也就是以令人絕倒的細節來刻畫人物性格。譬如房東太太數鈔票，一張一張，仔仔細細地數——這是其房東角色厲害精明的外化；又譬如胖老頭在茶館裏大談如何發財，出一個主意就吃一口芝麻燒餅，最後將掉在桌上的芝麻一粒一粒依次掃入手心再丟進嘴裏大嚼〔註 8〕——市井閒人形象生動有趣；再譬如袁先生最愛蹄髈（燉肘子），後來他主動出面出錢贖出房東太太的兒子，看上去是解人危難之舉，其實蘊含著報答房東太太先前贈送蹄髈的邏輯關係——世俗人情向來是新市民電影的文化主體和精神底蘊。

<hr />

〔註 8〕　他和閒人們的對話如次：「比方說，做房子的生意吧！我從前是給人家收房錢的，現在那些房子都給什麼債權銀行收了去了，不要我收房錢了。這是房子的生意經啊」——「可是我們這誰還有房子託你去收房錢呢？」——「話不是這麼說啊，現在房子空的多，我們只要能夠籌備到一定資本去包下一條長的弄堂，我有法子使這裏的房子立刻住滿」——「你有什麼法子呢？」——「在本弄堂辦一個俱樂部，每天請一個說書的來說這麼一段子書，或者請一班歌舞團來跳這麼一次舞，住我們房子的房客一概不取錢。這是第一個法子。住滿了一個月的，送一套衣料，住滿兩個月的，送三套衣料，要是住滿三個月的，送六套衣料。這是第二個法子。住滿了三個月之後的呢，房子打九扣，住滿六個月以後的呢，房錢打八扣。住滿了一年之後的，一律打七扣。這是第三個法子！」

對世俗哲理的堅持及其相關審美趣味的表達，從中國電影史的角度上說，從一開始就是舊市民電影的靈魂，是電影市場的防腐劑和連接票房提款機的直流電源──新市民電影豈能例外。到1936年，如果僅僅局限於《新舊上海》而言（目前也只能如此），可以得出一個至少讓我自己感到欣慰的結論，那就是左翼電影與新市民電影攜手走過1935年之後，已經呈現出中國電影一個最好的歷史性面貌：終於在一定程度上解決了左翼電影有深度但相對沒趣味、新市民電影又單純注重趣味卻常常缺失思想的癥結──直白地說，電影拍到《新舊上海》這樣已經是非常好看了。

最明顯的例證就是男女主人公袁氏夫妻和夫妻鬥法，這本來是舊市民電影的結構性要素和精髓之一，只不過在無聲片時代它有心無力，到了有聲片時代，新市民電影則如虎添翼。譬如夫妻倆的日常生活對白和表現功力非常之強。常言說夫妻吵架是最沒有邏輯的口舌之爭，但在《新舊上海》中，你會發現舒繡文飾演的袁太太，不僅有極其嚴密的邏輯推理能力，還有令人震驚的論證表達天賦，其語言邏輯嚴密到可以首尾相接、循環往復、環環相扣──怎麼說都是她有理。而王獻齋飾演的袁先生，怎麼說都是他沒有理、根本占不著任何便宜，哪怕是身體語言上的優勢──最後的結果只能按照太太的邏輯思維直面現實人生。

戊、結語

人們一般都會認為，世俗生活中的夫妻吵架是吵不出結果的，但事實並非都是如此。至少，在《新舊上海》中就吵出一個結論：許多左翼電影

缺失或刻意忽略的普世價值和世俗趣味，由新市民電影在 1936 年彌補、修復，再以最大眾化的形式——電影，藝術地傳達、表現出來，回流市場並且構成世俗人生尤其是城市生活不可分割的文化組成部分。這不僅僅是一個電影類型或形態的發展和相關的藝術趣味問題，在一個特定角度上，還是 1930 年代中國電影成熟的標誌之一。由於新市民電影從一開始就幾乎全盤繼承了舊市民電影反映世俗生活、追求庸常哲理以及世俗趣味的特徵，所以在彌補了左翼電影這方面不足的同時，又借助有聲語言重新讓電影回歸世俗人生。

從常識上講，電影成熟的標誌一個是好看，一個是經得起推敲：前者指的是大多數影片，後者針對的是經典作品。如果我在年輕的時候看《新舊上海》，肯定會覺得本家這兩口子真可笑，就為了一碗蹄膀說來說去喋喋不休。逐漸步入中年後再看這部電影，才明白這是世俗人生的真相所在，是人生必須要經歷面對的現實，體會自有不同，況且它表現的如此到位。都說藝術是模仿生活的，事實的確是如此。如果你把現實當中的夫妻搯架錄下來，那要比你現編的不知道精彩多少倍。換言之，現實中的精彩人生時時刻刻都在上演，難怪常言又說，舞臺小世界、人生大舞臺。

己、多餘的話

子、女性形象

舒繡文飾演和塑造的袁太太，這樣的女性形象似乎在 1949 年後的中國大陸電影中消失了：你能找到的，大多是像男人一樣的女人——再找下去就得

不得不碰到國民黨軍官太太或美蔣女特務甚至是「化裝成美女的毒蛇」了。
對於 1949 年後出生的中國大陸民眾來說，很少有人能知道舒繡文在 1949 年
前有如此上乘的演技和迷人魅力；而 1949 年前的中國女性形象，在觀眾印象
中的，老的是祥林嫂，年紀輕的便是白毛女，剩下的便是兇狠醜陋的地主婆
——實際上，有千千萬萬非常傑出的能幹的女人活躍在千家萬戶，只是鏡頭
從來沒有給過她們多少，甚至人們以為她們不曾存在過。

丑、舞女房客

影片中還有一個細節也很值得玩味和深思，那兩個活潑可愛的的舞女房
客，由於經濟不景氣，其中一個決定金盆洗手，想回家過她的本分生活，（其
實當時在上海做舞女也是一個很本分的正經職業）。想來她是掙了點兒錢，
所以她歡天喜地地對二房東說她要回鄉下，房子不租了。歷史真是驚人地相
似 [4]。

寅、雞叫和擤鼻涕

影片一開始，鏡頭給的是布景搭起來的上海弄堂，配的音響則是公雞啼叫。聽到這個，實在是讓人感慨良多，現在的上海市區當然聽不見雞叫聲，連一般小城鎮恐怕也聽不著了吧。在影片中，我注意到有人物兩次三番地蹲在家裏擤鼻涕。這個動作對我來說是如此的熟悉，甚至有些親切。因為時至上世紀的八、九十年代，我周圍擁有和上演如此特技的大有人在。所以我推測這個演員或者這個動作的設計者是北方人。這倒也不奇怪，因為1930年代的上海是一個超大型的移民城市，所以其習俗表現也是融合性的——雖然這個動作在我看來更有北方特色。〔註9〕

初稿時間：2003年8月28日～9月13日

二稿時間：2006年12月22日

三稿時間：2007年4月28日

四稿改定：2008年1月29日～2月2日

圖文修訂：2015年9月15日～18日

〔註9〕 本章文字的主體部分（不包括己、多餘的話以及結語的第二個自然段）約8000字，最初曾以《1936年：有聲片〈新舊上海〉讀解——中國左翼電影轉型、分流後現存唯一的新市民電影》為題，先行發表於《汕頭大學學報》2008年第2期（福建，雙月刊），後列為第三十二章，收入《黑白膠片的文化時態——1922～1936年中國早期電影現存文本讀解》，題目是：《左翼電影的轉型、分流與新市民電影的趨勢崛起——〈新舊上海〉（1936年）：新市民電影讀解之六》。現今正文中的黑體字，是結集成書時被出版社刪節的部分。此次收入本書時，正文及注釋中的字句、觀點以及段落位置多有微調，並新增了52幅截圖，這也是需要一併申明的。

參考文獻：

〔1〕 程季華，中國電影發展史：第 1 卷〔M〕，北京：中國電影出版社，1963。

〔2〕 錢理群，溫儒敏，吳福輝，中國現代文學三十年（修訂本）〔M〕，北京：北京大學出版社，1998：19 頁。

〔3〕 胡蝶口述，劉慧琴整理，胡蝶回憶錄〔M〕，北京：新華出版社（內部發行），1987：63。

〔4〕 趙鐵林，聚焦生存──當代地下「性產業」曝光〔M〕，西寧：青海人民出版社，1999；趙鐵林，另類人生──一個攝影師眼中的真實世界〔M〕，北京：社會科學文獻出版社，2000。

New Films Blossom, 「New Citizen」 Prospers— Old And New Shanghai （1936）：Sample Eight of New Citizen Film Analysis

Read Guide：It is said that quarrels between wife and husband aren't logic, but in Old And New Shanghai, you can find Mrs. Yuan played by Shu Xiuwen, were good at reasoning and had a surprising talent to find arguments. What's more surprising is the hot issues concerned in the film are still the problems nowadays, such as factories bankruptcy, employees' layoff, owed rent and wage, migrants, and dancing girls. Old And New Shanghai is a necessary fruit after Star Film Company carried out the production line of New Citizen Film. Its unprecedented achievement in art and thoughts mostly attributes to the nutrition from Left-wing Film transforming, shunting, and breaking through. The biggest benefit is, by means of peaceful manner, it absorbs and borrows selling point elements from Left-wing Film, and expresses them vulgarly, therefore it is more likely to display warm scenes and happy ends. Since 1936, New Citizen Film has finally solved the problem that Left-wing Film has deep thoughts, but not interesting.

Key Words：New Citizen Film; production line; Left-wing Film; Vulgar aesthetics; Mandarin; logic;

本章的第一、二幅圖片爲《新舊上海》的 VCD 封面封底
照，以上三幅爲影片 DVD 封面封底及碟片照。